Library of
Davidson College

225

LA NUEVA FICCIÓN HISPANOAMERICANA

TORRES LIBRARY OF LITERARY STUDIES 8

LUIS GONZÁLEZ DEL VALLE
VICENTE CABRERA

LA NUEVA FICCIÓN
HISPANOAMERICANA

A TRAVÉS DE M. A. ASTURIAS Y G. GARCÍA MÁRQUEZ

ELISEO TORRES & SONS
NEW YORK

863.09
G643n

Copyright ©, **ELISEO TORRES**, 1972.
P. O. Box 2, Eastchester, N. Y. 10709 (U. S. A.).

Library of Congress Catalog Card Number: 72-86894.

International Standard Book Number: 0-88303-008-X.

Déposito Legal: M. 25710-1972. 73-6353
Printed in Spain. Impreso en España, por
Gráficas Cóndor, S. A., Sánchez Pacheco, 83. Madrid, 1972.

A NUESTRAS ESPOSAS:

Adrienne Choper Cabrera
Jeanne Robertson González del Valle

PREFACIO

En este libro presentamos una interpretación innovadora de la nueva ficción hispanoamericana; varios ensayos sobre Miguel Ángel Asturias y Gabriel García Márquez; y una bibliografía de cuanto discutimos.

Los análisis que hemos hecho de obras constituyen la base para determinar las características de la nueva ficción. Por tanto, la introducción refleja, ante todo, nuestras ideas sobre la narrativa de Asturias y García Márquez; aunque esto no excluye su posible aplicación a otros escritores de tendencias similares a las discutidas aquí.

El haber escogido a Asturias y a García Márquez como centro de nuestras investigaciones es, en parte, porque Asturias ha sido considerado miembro de la primera promoción cronológica de novelistas hispanoamericanos actuales y García Márquez como uno de la tercera [1]. Esta distinción temporal entre

---

[1] Emir Rodríguez Monegal, "Los nuevos novelistas", *La novela iberoamericana contemporánea*, XIII Congreso Internacional de Literatura Iberoamericana, Segunda Reunión (Caracas, Universidad Central de Venezuela y Organización de Bienestar Estudiantil, 1968), págs. 33-41.

uno y otro hace posible que nuestra visión de la narrativa actual sea más panorámica y representativa [2]. Por otra parte, ha influido en nuestra decisión de estudiar juntos a Asturias y a García Márquez nuestro personal interés por la obra de ambos escritores.

Dejamos constancia de nuestro agradecimiento a los profesores Pedro Barreda-Tomás, Harold L. Boudreau y Antolín González del Valle por haber leído y comentado partes de este libro; y a nuestras esposas por su paciencia y ayuda sin límites para con nuestras investigaciones. Todo error en que esta obra incurra, está de más decirlo, es responsabilidad de sus autores.

LUIS GONZÁLEZ DEL VALLE
Kansas State University

VICENTE CABRERA
Colorado State University

Junio de 1971.

---

[2] Como un hecho curioso deseamos mencionar que García Márquez se ha expresado en forma negativa sobre Asturias (específicamente de su obra *El Señor Presidente*). Véase a Francisco Urondo, "La buena hora de García Márquez", *Cuadernos Hispanoamericanos*, 232 (1969), 165. (Lo presentado en este artículo es un tipo de entrevista.)

FANTASÍA Y REALIDAD EN LA NUEVA FICCIÓN HISPANOAMERICANA: REALISMO ARTÍSTICO

Se ha observado en la narrativa hispanoamericana de las últimas décadas un amalgamiento de fantasía y realidad. Este amalgamiento ha sido explicado por la crítica de varias formas. Partiendo de las consideraciones de Alejo Carpentier sobre lo "real maravilloso" de América [1], algunos críticos se han referido a tal amalgamiento de fantasía y realidad con el nombre de "realismo mágico". Para Luis Leal, por ejemplo, en el "realismo mágico" el autor se enfrenta a la realidad y trata de desentrañar lo que hay de maravilloso en las cosas [2]. Según Leal, lo esencial del "realismo mágico" no es la creación de seres o mundos imagina-

---

[1] Véase "De lo real maravillosamente americano", *Tientos y Diferencias* (México, Universidad Nacional Autónoma de México, 1964). Este ensayo apareció originalmente, en forma reducida, como prólogo a la novela *El reino de este mundo*.

[2] "El realismo mágico en la literatura hispanoamericana", *Cuadernos Americanos*, 153 (julio-agosto 1967), 232.

dos, sino la presencia de lo real maravilloso que permite la existencia del "realismo mágico"[3]. El autor realista mágico, continúa este crítico, exalta sus sentidos para captar los misterios de la realidad[4].

Más recientemente, Ángel Valbuena Briones califica también a la nueva narrativa de realista mágica. Para él, el "realismo mágico" presupone una visión de la realidad donde el mito y la fantasía coexisten[5]. Aún más, el "realismo mágico" es para este crítico una tendencia universal y no exclusiva de los pueblos negros e indios de América[6]. Valbuena Briones menciona luego el fenómeno pictórico post-expresionista calificado por Franz Roh de realista mágico en relación con la nueva promoción literaria de la actual narrativa hispanoamericana. El

---
[3] Leal, 233.
[4] Leal, 235.
[5] "Una cala en el realismo mágico", *Cuadernos Americanos*, 164 (septiembre-octubre 1969), 233.
[6] Valbuena Briones, 236. En América, Valbuena Briones ve "un tipo de realismo mágico" en la visión de las creencias indias que Miguel Ángel Asturias consiguió en su novela *Hombres de maíz*. En esta visión, según Valbuena, se ve un mundo donde "caben transformaciones y en que se derrumban las leyes del espacio y del tiempo. Visión cruel y feroz con hechizos y encantamientos que alternan con cuadros de costumbre y faenas camperas" (pág. 235). En vista de estas palabras, podemos suponer que al menos, en parte, en estas transformaciones y fusión de lo mágico y costumbrista ve Valbuena Briones varios de los elementos del llamado "realismo mágico".

intento de relación fracasa porque no se explica y define satisfactoriamente [7].

Para Ángel Flores, por su parte, el "realismo mágico" es una mezcla de lo real y lo fantástico [8]. En esta mezcla encuentran los autores modernos una nueva forma de manifestarse, más eficaz que la del "realismo" tradicional, que para ellos es un callejón sin salida [9]. Las ideas generales de Flores sobre el "realismo mágico" son adoptadas por E. Dale Carter [10], quien

---

[7] Valbuena Briones, 234. Sobre el uso que Roh da al término "realismo mágico" también se ha expresado Luis Leal, 231. Ninguno de estos críticos elabora sobre la comunidad conceptual que pueda existir entre el término "realismo mágico" acuñado por Roh y el que es usado hoy día. Por nuestra parte, creemos que no existen paralelos sólidos entre ambos conceptos. Véase Franz Roh, "The New Objectivity", *German Art in the Twentieth Century*, traducido por Catherine Hutter y editado por Julia Phelps (London, Thames and Hudson, 1968), págs. 112-128 (especialmente la página 112).

[8] "Magical Realism in Spanish American Fiction", *Hispania*, 38 (mayo 1955), 189.

[9] Flores, 188.

[10] "Breve reseña del realismo mágico en Hispanoamérica", *Ocho cuentos hispanoamericanos. Antología del realismo mágico* (New York, The Odyssey Press, 1970), págs. XI-XV. Vale notarse que Flores publicó su ensayo mucho antes que L. Leal y A. Valbuena Briones. Si en este estudio consideramos sus ideas después de las de estos dos críticos se debe a que Carter, quien ha escrito el más reciente estudio sobre el "realismo mágico" que conocemos, en su definición de este movimiento admite la gran influencia de Flores sobre cuanto él dice.

les añade nuevos puntos y las sumariza en cuatro conclusiones: Primera, el "realismo mágico" es "ante todo la combinación de la realidad y la fantasía"; segunda, es "la transformación de lo real en lo irreal"; tercera, "crea un concepto deformado del tiempo y del espacio"; y cuarta, "es una literatura dirigida a una minoría intelectual" [11]. Estas cuatro conclusiones constituyen, en nuestra opinión, la definición más sistemática que tenemos del llamado "realismo mágico". Analicemos una a una las conclusiones de Carter [12].

A la primera conclusión nos oponemos por varias razones. Si bien en la nueva ficción se mezclan la realidad y la fantasía, esta mezcla no es el objetivo fundamental de la narrativa moderna hispanoamericana. Tal combinación está supeditada a un proceso subjetivo de creación (de invención) artística. Es decir, tal fusión es simplemente un medio más del cual se vale el artista para crear el mundo imaginado de su obra. Por otra parte, esta narrativa expresa el escepticismo de sus autores para con el concepto de la realidad. Este escepticismo se manifiesta en la consideración de la realidad como un concepto relativo [13] y en la consiguiente negación de lo que tradicionalmente se suponía constituía la

---

[11] Carter, pág. XII.

[12] Aclaramos que nuestras conclusiones en este ensayo tratarán de ser documentadas en los ensayos de este libro.

[13] Obsérvese que en *Mulata de Tal* Asturias trata de presentar el punto de vista de las razas primitivas. Por su parte, *Cien años de soledad* nos deja ver la relatividad de la realidad en la confrontación de lo primitivo y lo civilizado.

realidad [14]. Para los nuevos escritores —según se desprende de sus obras— [15], la realidad de los hechos narrados en una obra de arte depende de la eficacia

---

[14] Sobre la existencia de varias realidades ya se expresó Asturias: "Mi realismo es "mágico" porque revela un poco de sueño, tal como lo conciben los surrealistas. Tal como lo conciben también los Mayas en sus textos sagrados. Leyendo a estos últimos yo me he dado cuenta que existe una realidad palpable sobre la cual se injerta una otra realidad, creada por la imaginación, y que se envuelve de tantos detalles, que ella llega a ser tan "real" como la otra. Toda mi obra se desenvuelve entre estas dos realidades: la una social, política, popular, con personajes que hablan como habla el pueblo guatemalteco, la otra imaginaria, que les encierra en una especie de ambiente y de paisaje de ensueño". (Ray A. Verzasconi, *Magical Realism and the Literary World of Miguel Angel Asturias*, Tesis Doctoral (University of Washington, 1965), pág. 20, dice que así fue citado Asturias por Claude Couffon, "Miguel Ángel Asturias y el realismo mágico", *Alcor*, 23-24 (marzo-junio 1963), 2a.) Para Asturias, según él dice en este pasaje, hay dos realidades: la palpable y la imaginada. Ya veremos más tarde la importancia conceptual que posee la realidad imaginada.

[15] El caso más claro de esto, en las obras que analizamos, lo tenemos en el cuento de Gabriel García Márquez "Un señor muy viejo con unas alas enormes". Aquí se realza el valor de toda ficción por el simple hecho de que es ficción, de que es algo imaginado. (Este cuento apareció por primera vez en la revista *Casa de las Américas*, 8, número 48 (mayo-junio 1968). Más tarde fue publicado por Enrique Anderson Imbert y Eugenio Florit, *Literatura hispanoamericana: antología e introducción*, tomo II (New York, Holt, Rinehart and Winston, 1970), págs. 413-416; y en *Cuadernos Hispanoamericanos*, 245 (mayo 1970), 273-278. La versión de *Cuadernos Hispanoamericanos* es algo distinta a aquella de las otras dos fuentes.)

con la cual dichos hechos han sido presentados [16]. Todo esto nos lleva a afirmar que, mejor que "realismo mágico", el nuevo movimiento en la narrativa hispanoamericana debería llamarse realismo artístico [17], ya que el énfasis de los escritores actuales reside en darle realidad a lo imaginado a través de su arte. En otras palabras, para estos escritores, implícitamente, la realidad de algo, fantástico o no, depende de la manera en que dicho algo es expresado, siendo esa manera ni más ni menos que el arte de cada autor. Al ser la realidad un producto subjetivo y mental, necesita el escritor crear un efecto apropiado para que sus lectores acepten como real lo descrito por él [18].

---

[16] Una idea similar se observa en el autor francés Alain Robbe-Grillet, "Du réalisme à la réalite", *Pour un nouveau roman* (París, Les Editions de Minuit, 1963), pág. 139, quien no cree que sus obras simplemente registran la realidad circundante, sino más bien inventan una nueva realidad: "Je ne transcris pas, je construis. C'était déjà la vieille ambition de Flaubert: bâtir quelque chose à partir de rien, qui tienne debout tout seul sans avoir à s'appuyer sur quoi que ce soit d'extérieur à l'oeuvre; c'est aujourd'hui l'ambition de tout le roman".

[17] Este término lo usamos en este trabajo, esencialmente, para facilitar la expresión de nuestras ideas. Al aclarar esto, queremos decir que no es el término "realismo artístico" lo que importa en este ensayo, sino las ideas que a él atribuimos.

[18] Esta idea de que la realidad es algo mental no es exclusiva de los autores hispanoamericanos. Una posición similar ha sido mantenida por varios novelistas franceses del momento. Véase a Vivian Mercier, *The New Novel. From Queneau to Pinget* (New York, Farrar, Straus and Giroux, 1971), págs. 3-9.

Nuestro término "realismo artístico" —que ante todo se refiere a un proceso de creación y no de imitación o mera reproducción de la realidad, como sería el caso del llamado "realismo mágico"— no responde a un caprichoso cambio de nombre, sino a una necesidad de innovación y superación en la definición del concepto, contenido y alcance de la nueva novela hispanoamericana. Si se sigue aceptando el término "realismo mágico", se seguirá, ingenuamente, ignorando el carácter universal que por primera vez ha logrado alcanzar la Ficción en Hispanoamérica.

Fernando Alegría tiene razón cuando dice que "el llamado *realismo mágico* fue característico de parte importante de la narrativa de los años treinta y cuarenta" [19]. Sin embargo, si se le entiende a la narrativa hispanoamericana de hoy dentro de la perspectiva del realismo artístico aquí expuesto, se observará que esta narrativa moderna es, tal vez, la única en la literatura hispanoamericana que adquiere una auténtica proporción estética y que, como tal, constituye una ruptura con la llamada "tradición novelística latinoamericana", que con pocas excepciones no había pasado de la mera curiosidad histórico-literaria.

En su segunda conclusión también falla Carter, ya que muchos de los autores modernos no transforman lo real en irreal, sino que más bien le dan

---

[19] Demetrio Aguilera-Malta, "Diálogo con Fernando Alegría: Novelas, novelistas y críticos", *Mundo Nuevo*, núm. 56 (febrero 1971), pág. 45.

vida o realidad, con su arte, a lo inverosímil. Es decir, lo irreal se ha transformado, a través de un estricto proceso artístico, en algo real. Jorge Luis Borges, en su cuento *El Sur*, por ejemplo, lo que ha hecho es precisamente transformar la segunda parte del cuento, la del sueño, en algo que es más real y auténtico que la primera parte, la de la realidad. Aún más, aquella parte soñada adquiere, por el arte, una dimensión más significativa que la parte vivida, tanto para el lector como para el protagonista [20]. Este mismo fenómeno se experimenta, con más intensidad, en uno de los últimos cuentos de García Márquez, el cual se estudia en este libro.

La tercera conclusión de Carter trata, aunque sin elaborarse, de la deformación del tiempo y del espacio. Con relación a la deformación del tiempo sólo podemos decir que ésta es una característica de toda la narrativa moderna y no algo propiamente hispanoamericano [21]. Ahora bien, confesamos nuestra

---

[20] Allen Phillips ha hecho un buen análisis de este cuento, explicando la coexistencia de los dos planos de la realidad. (Véase "*El Sur* de Borges", *Revista Hispánica Moderna*, vol. 29 (abril 1963), 140-147. Obsérvese que concordamos con Flores en esto de que "...the unreal happens as part of reality" (191).

[21] Sobre la importancia del tiempo dice A. A. Mendilow, *Time and the Novel* (New York, Humanities Press, 1965), pág. 234: "All that is claimed, and the claim is a big one, is that the time element in fiction is of the major importance, that in a large measure it determines the author's choice and treatment of his subject, the way he articulates and arranges the elements of his narrative, and the way he uses language to express his sense of the process and meaning

ignorancia acerca de la supuesta "distorsión del espacio" que este crítico ve. No podemos imaginarnos dónde reside tal distorsión en obras como *Mulata de Tal* y *Cien años de soledad*[22].

Finalmente, la cuarta aserción de Carter nos resulta incomprensible si debe ser tomada, como suponemos Carter se propuso, como una generalización total de un movimiento literario. Si bien hay novelas en el realismo artístico, como *Mulata de Tal*, que están dirigidas "a una minoría intelectual", hay otras que son disfrutadas por el pueblo. Si no, ¿cómo explicar entonces los miles de ejemplares vendidos de *Cien años de soledad* en los últimos años?

Sumarizando lo dicho hasta aquí, afirmamos que los nuevos autores tienen una visión distinta de la realidad: lo real es un concepto puramente relativo. Esta visión los lleva a afirmar con sus obras que lo real es algo mental y que el medio de que se vale todo escritor para darle autenticidad a cuanto pre-

---

of living". En las obras que en este libro estudiamos se percibe la importancia del tiempo no sólo como un elemento técnico que complementa los objetivos de cada autor (por ejemplo, el de que todo lo narrado en *Mulata de Tal* sea parte de un sueño), sino que también adquiere proporciones temáticas (por ejemplo, en *Cien años de soledad* la circularidad y el constante fluir del tiempo son aspectos temáticos). Sobre la importancia temática del tiempo en la narrativa actual son interesantes las ideas de Geoffrey Durrant, "The Dimension of Time", *Wordsworth and the Great System. A Study of Wordsworth's Poetic Universe* (Cambridge, University Press, 1970), págs. 61-65.

[22] La única distorsión que vemos en el espacio se referiría a las características físicas de un lugar tan retorcido cual Tierrapaulita en *Mulata de Tal*.

senta es su arte. De allí que nosotros identifiquemos a la nueva narrativa hispanoamericana con el nombre de realismo artístico. Nada de lo hasta aquí dicho excluye la posibilidad de que un autor (como Asturias) intente captar en su obra un nivel de conciencia, una actitud para con la realidad, que según las creencias personales de dicho autor existe en la América hispana. A lo que sí nos oponemos es a la afirmación de que el objetivo de los nuevos escritores es o ha de ser el de captar, simplemente, una realidad americana (lo "real maravilloso" a que Carpentier se refirió) que a los ojos del hombre civilizado de Occidente resulta fantástica. Para nosotros, la nueva ficción responde principalmente a una preocupación estética de sus autores. Obsérvese que para un escritor como Mario Vargas Llosa el fracaso de la novela tradicional hispanoamericana (sea llamada "regionalista" o "criollista") reside en su poca o ninguna preocupación estética:

> The primitive novels are valid geographical testimonials, important documentaries, but their aesthetic significance is nevertheless slight. Although they are enlightening with regard to historical and social reality, the primitive novels do not succeed in creating an autonomous and sovereign world of their own. The quality of a novel is not measured by the greater or lesser degree of correlation between the story and its real life model; rather it is measured by the story's intrinsic power of persuasión, by its

ability to impose itself upon the reader as a living and coherent reality *in and of itself*. In other words, the authenticity of a story is not dependent upon its plot, but rather upon the means by which the plot is embodied in a particular written form and in a particular structure. The failure of the primitive novel is to a great extent the result of the disdain which its authors demonstrated toward the strictly technical problems of artistic creation. The parochial horizon of their vision, their epidermic notion of man, did not emanate from the themes which they adopted, but rather from their incapacity to express these themes in a language and a structure sufficiently functional to elevate them to a universal plane [23].

Concordamos con Vargas Llosa al considerar que es en el poder técnico de persuasión de un autor donde residen los valores positivos de toda obra literaria [24].

---

[23] "The Latin American Novel Today. Introduction", *Books Abroad*, 44 (Winter, 1970), 18. Jorge Luis Borges, en the "Today" show de NBC, que tuvo lugar el 23 de marzo de 1971, o sea al día siguiente del derrocamiento del gobierno argentino, expresó enfáticamente que la preocupación fundamental de su narrativa era artístico-literaria y no sociológico-política. Lo dicho se relaciona con el contenido de la nota 24 y refuerza nuestro punto de vista que difiere con el de Manuel Pedro González.

[24] Un crítico que sostiene ideas algo contrarias a las nuestras lo es Manuel Pedro González, "La novela hispanoameri-

Hay un interesante estudio de Juan Loveluck [25] donde se dan varias características de la nueva novela que creemos pueden ser aplicadas a otras recientes manifestaciones narrativas hispanoamericanas. Loveluck dice que la nueva novela es producto de una reacción de sus autores al comprobar ellos que "las fórmulas narrativas en uso habían perdido su vigencia" [26]. La novela tradicional fue enfocada por muchos críticos como si ella fuese un documento donde se daba la esencia de la vida americana [27]. Como bien dice Loveluck, hoy día la idea de que la novela es "sociología, historia o estadística" ha perdido aceptación [28]. La visión que la novela —y diríamos la narrativa en general de nuestros tiempos— da, a veces, de ciertos aspectos americanos es ante

---

cana en el contexto de la internacional", *Coloquio sobre la novela hispanoamericana* (México, Tezontle, 1967). Para él, la nueva novela atraviesa un período de crisis (págs. 44-45), y ello se debe, en parte, a que "La novela es, de todas las artes, la más estrechamente vinculada a la vida social del ambiente en que se escribe y la que más fielmente retrata la moral que la rige" (pág. 48). O sea, la novela está en crisis porque el mundo capitalista que ella refleja, según González, también lo está. Esta evaluación de Manuel Pedro González ignora el aspecto artístico de la novela y se concentra en lo social. Bien pudiéramos decir que lo opinado por este crítico refleja su actitud displicente para con la sociedad, más que una posición que se preocupa de los elementos estéticos de un género literario.
[25] "Crisis y renovación en la novela de Hispanoamérica", *Coloquio...*, págs. 113-134.
[26] Loveluck, pág. 123.
[27] *Ibid.*, pág. 125.
[28] *Ibid.*, pág. 126.

todo una visión subjetiva, personalísima, del autor que la escribió. Por ello afirmaciones como la de Ray A. Verzasconi yerran cuando dicen que la nueva ficción (la que ellos llaman realista mágica) es: "An expression of the New World reality which at once combines the rational elements of the European supercivilization and the irrational elements of a primitive America" [29]. De acuerdo con esta interpretación, todo escritor de la nueva corriente hispanoamericana está preparado para percibir ciertos elementos de las culturas hispanoamericanas que, aun con conocimientos antropológicos, sociológicos e históricos, posiblemente serían difíciles de ser captados. No demos toques científicos o pseudo-científicos a obras literarias que, ante todo, responden a preocupaciones estéticas.

Son varias las características del realismo artístico: no todos los autores tienen las mismas, ni se valen de ellas en una misma forma. Ya hemos hablado del tiempo, de su disrupción cronológica con propósitos estructurales; y también hemos mencionado las proporciones temáticas del tiempo.

Otra característica del realismo artístico es la coexistencia de varios temas en una misma obra [30]. Además de la pluralidad temática es preciso indicar que en esta narrativa la nueva visión de la realidad, asunto de trascendencia artística y filosófica, pasa

---

[29] Verzasconi, pág. 17.

[30] En *Cien años de soledad*, por ejemplo, tenemos presente tales temas como el de la relatividad de la realidad, la soledad del hombre, la circularidad del tiempo, el fluir del tiempo, los abusos sociales, etc.

a ser parte o aspecto de aquella pluralidad temática; al afirmar esto sugerimos que parte del tema de estos escritores lo constituye su propio arte.

Mario Vargas Llosa ha apuntado como un rasgo característico de la madurez de la novela el cambio que sus temas han sufrido:

> And what constitutes this maturity? Thanks to the new writers, it consists primarily of a thematic shift in the axis of Latin American fiction from nature to man. Man's problems, his nightmares, and his ambitions are the essential themes of this fiction, rather than the pampas, the plateaus, or the cane fields, as was the case in the primitive novel. "Indigenous" themes have not been excluded but have been intensified and framed within a perspective that is no longer regional but rather universal [31].

La nueva perspectiva temática, como bien dice Vargas Llosa, ya no es regionalista, sino universal.

Se nota también en estos escritores una preocupación por los problemas sociales, culturales y políticos de Hispanoamérica. Esta preocupación, desde

---

[31] Vargas Llosa, 8. Véase también a Emir Rodríguez Monegal, "The New Latin American Novel", *Books Abroad*, 44 (Winter, 1970), 45. Este último crítico trata (pág. 50) en forma global, de la importancia que la ficción tiene para con los nuevos escritores.

luego, ya estuvo presente en la narrativa tradicional hispanoamericana y, por tanto, no constituye una innovación. Lo innovador está, digámoslo de una vez por todas, en que estos escritores no subordinan su arte al mensaje, como era el caso de la mayoría de los autores anteriores.

Un aspecto que hasta aquí no hemos mencionado sobre el realismo artístico es el mítico o legendario [32]. En una novela como *Cien años de soledad*, lo mítico o legendario se utiliza como complemento de la realidad autónoma del mundo de Macondo. O sea, Macondo, como cualquier lugar del universo, tiene que tener su mitología, sus leyendas, que provienen de elementos reales que en un momento dado de su historia existieron, y que al paso de los años han sido distorsionados por la gente [33]. Esta preocupación por la creación artística de un universo real no implica que el novelista esté tratando de ser fiel a las situaciones históricas o tradicionales de Colom-

---

[32] La palabra "mito" puede ser definida "as a story or complex of story elements taken as expressing, and therefore as implicitly symbolizing, certain deep-lying aspects of human and transhuman existence" (Alex Preminger, editor, *Princeton Encyclopedia of Poetry and Poetics*, Princeton, Princeton University Press, 1965, pág. 538). Por "leyenda" significamos una "Relación de sucesos que tienen más de tradicionales o maravillosos que de históricos o verdaderos". (Real Academia Española, *Diccionario de la lengua española*, 19.ª edición, Madrid, Espasa-Calpe, S. A., 1970, pág. 800).

[33] Es de notarse, por ejemplo, que en *Cien años de soledad*, en el período final de Macondo, se duda y hasta se niega la existencia del Coronel Aureliano Buendía, un ser que para el lector posee gran realidad.

bia o de cualquier otro país. Lo que él ha hecho es valerse, en parte, de estos elementos históricos y tradicionales que, estando a mano, sirven de medio para forjar el deseado mundo autónomo de su novela.

Este razonamiento nos lleva a considerar a estos escritores como creadores en vez de imitadores o meros reconstructores de la realidad (como lo serían si persistiésemos nosotros en la idea de que ellos, a través del inexacto "realismo mágico", procuran ante todo captar una supuesta realidad maravillosa de Hispanoamérica). Es importante anotar que la mencionada distorsión de sucesos que tuvieron autenticidad en una ocasión (y circunstancias naturales que resultaron inexplicables al hombre primitivo) es en cierto modo la preocupación de varios autores modernos [34]. La importancia de esta distorsión de sucesos o fenómenos reside en que de ella surge una comunidad de pensamiento por parte

---

[34] Fernando Alegría, *Historia de la novela hispanoamericana*, 3.ª edición (México, Ediciones de Andrea, 1966), página 278, en su interpretación de los objetivos de Alejo Carpentier en su obra *El reino de este mundo*, habla de la transformación de hechos históricos que a través de la imaginación del pueblo actúan más tarde cual mitos que forman parte de una subconsciencia colectiva: "El realismo mágico de Carpentier no encierra una idealización de índole romántica: su realismo vive de una constatación de hechos históricos que se tornan leyendas en la imaginación del pueblo y actúan, luego, como mitos desde una subconsciencia colectiva". También en esta misma página menciona Alegría algunas de las diferencias que él ve entre el arte de Carpentier y el surrealismo.

de un pueblo para con ciertas cosas. Asturias, por ejemplo, asimila, en parte, el uso de elementos fantásticos en sus obras porque, según él, estos elementos fantásticos han cobrado realidad en la mentalidad de las gentes de la Guatemala que invade sus novelas:

> En la vida guatemalteca, que es la que invade mis novelas, están mezclados la realidad y lo fantástico, que es imposible separarlos. Por eso creo que cabría dar como explicación lo que podría llamarse el "realismo-mágico-americano", en el que lo real va acompañado de una realidad soñada con tantos detalles que se transforma en algo más que la realidad, como en los textos indígenas (*Popol-Vuh*, *Anales de los Xahil*, *El Guerrero de Rabinal*). Es en esta mezcla de magia y realidad en la que mis personajes se mueven. La magia es algo así como un segundo idioma, como una lengua complementaria para penetrar al universo que los rodea. Viven, vivimos, porque el novelista vive con sus personajes, en un mundo en que no hay fronteras entre lo real y lo fantástico, en que un hecho cualquiera, contado, se torna parte de un algo extraterreno, y lo que es hijo de la fantasía cobra realidad en la mentalidad de las gentes. Lo real y lo irreal sin fronteras... [35].

---

[35] "Quince preguntas a Miguel Ángel Asturias", *Revolución* (17 de agosto de 1959), 23. Obsérvese que en lo expuesto hasta

Al valerse de lo fantástico, en la opinión de Asturias, él está recreando el ambiente mítico-legendario de su Guatemala.

Desde un punto de vista técnico, esta recreación por parte de Asturias (y de otros escritores) se ejecuta a través de métodos similares a los usados por los surrealistas, quienes advocaban por un automatismo psíquico mediante el cual se proponían expresar el funcionamiento real del pensamiento [36]. En lo que Asturias considera la recreación de la mentalidad [37], de la subconsciencia de un pueblo, se observan elementos que ya habían caracterizado al surrealismo, el cual se limita a tratar de expresar la subconsciencia de un individuo. En ambos intentos, el de los surrealistas y el de Asturias, las limitaciones que el tiempo cronológico impone son burladas; en ambos existe una vaguedad de palabras:

---

aquí de las ideas de Asturias no estamos afirmando que el realismo artístico sea una reproducción exacta de las creencias (fantásticas y reales) de la gente de Guatemala. Aquí sólo nos referimos a una preocupación de Asturias que lo lleva en su prosa a tratar de recrear lo que él cree, subjetivamente, que es la mentalidad de ciertas gentes.

[36] Marcel Raymond, *De Baudelaire al surrealismo*, traducido por Juan José Domenchina (México, Fondo de Cultura Económica, 1960), pág. 242.

[37] Fijémonos que es Asturias quien piensa está recreando una subconsciencia. Que él lo piense no quiere decir que necesariamente lo consiga. Esta supuesta subconsciencia recreada es a la vez imaginada y por ello no necesita ser fiel (ni nosotros hemos de exigirle fidelidad con relación a la realidad circundante). Además, nótese que todo intento de recrear implica una aproximación artística.

metáforas, símbolos y alegorías que crean una impresión de inseguridad. En la expresión de sus objetivos, ambas aproximaciones, en relación con la realidad, se caracterizan por un estilo poético que contribuye a la creación de una atmósfera propicia a sus intenciones [38]. Como es obvio, se diferencian los objetivos surrealistas y los de Asturias en el hecho de que, mientras que Asturias intenta presentar la subconsciencia de un pueblo buscando a su alrededor manifestaciones de esta subconsciencia, los surrealistas afirman que ellos tratan de expresar solamente, en forma directa, la subconsciencia del escritor.

Toda esta búsqueda del subconsciente de un pueblo, al darnos mitos y leyendas que, según los escritores que lo hacen, tienen vigencia en la mentalidad de las gentes, es un ejemplo más del interés que tienen algunos autores modernos por el individuo. Lo dicho ratifica la idea de que la nueva narrativa "ha empleado los mitos en función de un sondeo crítico del hombre..." [39].

---

[38] Sobre los objetivos y características del surrealismo véase, además del libro de Marcel Raymond, el ensayo de André Bretón "Surrealism", *The Modern Tradition*, editado por Richard Ellmann y Charles Feidelson, Jr. (New York, Oxford University Press, 1965), págs. 606 y 602; y los libros de Wallace Fowlie, *Age of Surrealism* (Bloomington, Indiana University Press, 1960), págs. 106-107; Max Aub, *La poesía española contemporánea* (México, Imprenta Universitaria, 1954), pág. 135; y J. H. Matthews, *An Introduction to Surrealism* (University Park, The Pennsylvania State University, 1965), pág. 6.

[39] Antonio Pagés Larraya, "Tradición y renovación en la

Hay otras características adicionales del realismo artístico: entre ellas figuran ciertos juegos de palabras que a veces crean efectos poéticos y en otras ocasiones resultan incoherentes, absurdos [40]; cierta tendencia a recrear atmósferas oníricas e imprecisas; la presencia de una ironía varia y un humor popular que en ocasiones se vale de lo grotesco y vulgar; y el hecho de que lo fantástico, en las obras del realismo artístico, no sólo es dado como real al lector, sino que es aceptado en el contexto de las obras mismas por los personajes que conviven en ellas [41].

La preocupación central de muchos de los escritores hispanoamericanos de hoy [42], es preciso recalcar, es esencialmente artística. Esta interpretación no excluye el que muchos de ellos, entre otras cosas, estén tratando de captar una realidad que estos escritores consideran existe en Hispanoamérica. Ahora bien, este intento de captar o de recrear no es

---

novela hispanoamericana", *Mundo Nuevo*, 34 (abril 1969), 78. Este crítico expresó esta idea con relación a la nueva novela solamente. Nosotros la extendemos a toda la narrativa en general.

[40] Esto se ve mucho en Asturias y es quizás producto de la influencia que el surrealismo pudo ejercer sobre él.

[41] Esta idea fue ya expresada por Luis Leal, 234.

[42] A través de este ensayo hemos evitado dar una lista de los autores que practican el realismo artístico. Ello responde a que como este libro sólo discute a Miguel Ángel Asturias y a Gabriel García Márquez, sólo de ellos nos atrevemos a hablar con propiedad. La ubicación de otros escritores en el realismo artístico es labor de otros estudios críticos.

la característica más importante de la nueva narrativa hispanoamericana, ya que los escritores del momento están conscientes de que únicamente a través de su arte cobrarán vida sus ideas. De esta aguda consciencia estética, que se propone crear una absoluta ilusión de realidad en lo narrado, se deriva el carácter renovador y experimental de la nueva ficción hispanoamericana en lo que a técnicas narrativas se refiere. No cabe duda de que, por las características anotadas, la nueva ficción hispanoamericana debe denominarse realista artística.

Vicente Cabrera
Luis González del Valle

MIGUEL ÁNGEL ASTURIAS

PLURALIDAD Y AMBIGÜEDAD TEMÁTICA DE *MULATA DE TAL*

En este estudio se trata de analizar el tema de *Mulata de Tal* de Miguel Ángel Asturias. El enfoque se hará desde cuatro puntos de vista: el de lo artístico-filosófico, de lo social, de lo religioso y de lo moral. El intento se justifica en general en la naturaleza especial de la forma de la novela que complica e imposibilita la inmediata percepción del tema. Es decir, se justifica en el hecho de que no aparece éste tan obviamente como sucedía en la novela anterior latinoamericana en la que, como en el caso de *Doña Bárbara*, aquél quedaba establecido aún antes de leerse la novela, porque ya su título lo denunciaba. En la novelística del mismo Asturias hay obras que, como la *Trilogía bananera*, y aún *El Señor Presidente*, contienen un tema muy simple, definido y muy obviamente presentado.

La ambigüedad, característica del arte moderno, es, pues, el factor que define la necesidad de un estudio específicamente temático de esta obra [1].

---
[1] La ambigüedad se hace manifiesta desde el título mismo de la obra *Mulata de Tal*. Compárese éste con el de la novela

Lo artístico-filosófico

En *Mulata de Tal* se encuentra el comando de lo fantástico, absurdo e inconsciente sobre lo real, coherente y racional. Aquel elemento fantástico se justifica en tanto es parte integrante de la realidad inventada por Asturias y en cuanto aquél es medio de creación artística. Una realidad, según Asturias, es incompleta si contiene tan sólo lo obvio y lo que parece racional y real. Más valedera y significativa es aquélla si es que en ella está incluido lo fantástico. ¿Cómo se ha logrado expresar tal fusión? Pues a través de un estilo artificioso en que la fuerza poética de la palabra se confunde con la substancia poética de la materia novelada. El acierto estilístico en este sentido es grandioso, que bien podría a veces decirse, que en ella no importa tanto lo que se dice sino la forma como se lo hace.

Asturias revela, de este modo, una nueva y superadora concepción de la realidad. Ésta queda desmitificada, destronada de lo absoluto a lo relativo. Lo fantástico, que forma parte de su novela casi totalmente, es tan real como lo real comúnmente concebido.

En este sentido se puede hablar de un tema que, válido en sí, expone y practica la nueva visión artístico-filosófica de Asturias frente a lo que es la reali-

---

mencionada de Rómulo Gallegos *Doña Bárbara*. El primero condensa lo ambiguo y el segundo lo, ingenuamente, obvio del tema.

dad. Esta visión está de acuerdo, desde luego, con la nueva concepción y sensibilidad artística de las más recientes generaciones de escritores latinoamericanos. Éstos han llegado, en sus obras, a fusionar lo fantástico con lo real para crear una nueva y más significativa realidad novelística. Esta nueva visión es, en algunos casos, inmediatamente aceptada por el lector, quien gracias al potente estilo persuasivo del nuevo arte, no se preocupa de discutir si tal o cual hecho es o no posible y real.

Lo social

Asturias había dicho:

> Sin oír el grito, la voz de nuestra gente en la tierra, el lamento del mestizo que viene a nosotros con la esperanza de algo diferente, sin conocer todo este mundo, tembloroso, sufrido y agitado ...no puede existir literatura en nuestro país... Esta es mi regla personal [2].

El elemento social es prominente en esta obra si se considera como social el conflicto que la Mulata simboliza: la combinación defectuosa de dos razas distintas que no han llegado a asimilarse total

---

[2] Ésta es mi traducción del artículo de Guenter W. Lorenz, "Hearing the Scream: An Interview with Nobel Prize-winner Miguel Ángel Asturias", *Atlas*, vol. 14 (December 1967), 57.

y positivamente [3]. Pero si se considera dentro de lo social sólo aquello que como crítica el autor habla sobre las relaciones entre los que política y económicamente dominan y aquellos que están bajo su poder, se afirmará que en la novela lo social es mínimo y de relativa consecuencia.

Asumiendo lo primero, o sea el hecho de que representa la Mulata primariamente un conflicto de dimensión social, se tiene que presenta el autor el fracaso de una clase social: la mestiza. Para representar a ésta usa Asturias a la Mulata; esto es, usa a un personaje típico que no ha logrado definirse e identificarse como unidad vital. Si no fuera por tres hechos —primero, por que la Mulata de algún modo es bella; segundo, porque sufre y llora su situación presente: quiere "deshacerse de su imagen presente a cambio de una futura imagen" [4] (páginas 213-214, 49), y tercero, porque reconoce que su vida es una lucha diaria para superarse—, se pensaría que ésta estaría condenada a perpetua frustración. Efectivamente, no se ve a la Mulata como ente poseedor de cualidades esenciales que funcionalmente faciliten la armonía e integración deseadas. Sus puntos positivos o ventajas parecen no ser tan substanciales como son sus puntos negativos o de-

---

[3] Asturias ha dicho que la Mulata representa la combinación de la raza blanca y la raza india. Véase Luis Harss, "Miguel Ángel Asturias, o la tierra florida", en *Los Nuestros* (Buenos Aires, Editorial Sudamericana, 1966), págs. 87-127.

[4] Miguel Ángel Asturias, *Mulata de Tal*, tercera edición (Buenos Aires, Editorial Losada, S. A., 1968).

ficiencias. Lo que quiere decir que los segundos son factores más determinantes que los primeros.

Asumiendo lo segundo, o sea que lo social comprendiera solamente lo que dice el autor sobre las relaciones injustas básicamente entre ricos y pobres, lo que en una colectividad de economía agrícola serían relaciones de terratenientes y peones, las referencias explícitas a lo social son pocas, brevísimas e inesperadas. Así éstas, más que un mensaje coherente y definitivo, constituirían, en algunos casos, meras digresiones hechas a propósito para aliviar al lector, momentáneamente, de lo absurdo y anárquico del argumento.

Hay varios ejemplos de estas referencias críticas muy poco elaboradas desde un punto de vista estético. Asturias, hablando contra el patrono y favoreciendo al trabajador, dice a través de la respuesta de Tazol a la pregunta de Yumí:

—¿Todavía hay antropófagos?
—Jamás se han acabado. No es que se coman el cadáver, materialmente, pero se hartan de carne humana los que explotan al hombre de trabajo, hacendados, cafetaleros, dueños de ingenios, en los que se confunden los cristianos y las fieras (pág. 37).

Indicando que en países como Guatemala, mientras más iletrado e ignorante es el trabajador, es mejor para los intereses del patrón, ya que así aquél no tendría oportunidad para reclamar de éste lo que por derecho se le debe, Catalina Zabala dice a su marido: "Por el contrario, me cuentabas que cuando ibas a buscar trabajo de peón, si los patrones oían decir que sabías leer, te apartaban y no te daban trabajo" (págs. 56-57).

Refiriéndose al poder del dinero en una sociedad en la cual todo se mide cuantitativamente, en un diálogo de Tozal y Yumí se comenta:

> —Los pobres procuramos no pensar...
> —Bueno, pues al amanecer rico, como te despertarás uno de estos días, todos afirmarán que entiendes de todo, de finanzas, política, religión, elocuencia, técnica, poesía, y se te consultará...
> —Por el hecho de ser rico, no porque sepa... (pág. 16).

O sea la vida se define por el valor de las riquezas. Lo que quiere decir que en pueblos como los de la América Latina, unos pocos ricos dominan la vida de la mayoría.

Hablando del terrateniente ambicioso y dañino, Asturias dice:

> Sus pies desmoronaban los terrones de tierra floja en el camino que bajaba al río grande que pasaba por muchos pueblos, bien que los de Quiavicús, los ricos de Quiavicús, dijeran que era de ellos y trataran de apropiárselo, en ese adueñarse de una cosa con sólo retenerla un instante, empleando diques de mampostería o caballones de piedra.

Antes de llegar al río, dobló por un camino huidizo, quebradizo, entre ramas bajas de encinal de resiembra. Los ricos hacen con los árboles lo que quieren. ¡Ingratitud de las ingratitudes! Los siembran y cuando ya están alteando, los cortan, si la leña tiene buen precio, y por árbol cortado uno de resiembre, ya con la perra intención de cortarlos otra vez y otra vez y otra vez (pág. 12).

Aunque la crítica de acuerdo a la realidad social vigente sea acertada, técnicamente es artificiosa e inoportuna. Lanzó Asturias tal crítica sin que haya habido antecedente para ello dentro de la narración. No es consecuencia natural que fluye de antecedente naturalmente establecido con prioridad. Lo único que le llevó a insertar la crítica fue el simple hecho de que Yumí pasaba por cerca de un río y luego de un bosque para encontrarse con Tazol. Leyéndose cuidadosamente los dos párrafos anteriormente transcritos, se comprobará este hecho.

Todas estas citas que son referencias directas a los problemas sociales de Guatemala, hacen pensar en el hecho de que no puede Asturias, aun en obras como *Mulata de Tal*, dejar de ser explícito y lógico en la exposición de irregularidades sociales.

Considerando el caso de la Mulata como un problema social, junto con las referencias críticas que se acaban de mencionar, puede concluirse que lo social es elemento importante en la obra.

Reforzando este mismo aspecto social de *Mulata de Tal*, se puede decir que el motivo o arranque de la narración es de índole, además de moral, social: la ambición de Yumí en llegar a ser rico y poderoso en Quiavicús. Este campesino, que representa el pueblo guatemalteco, es lanzado a una tragedia por la ambición del dinero para superar a su rico compadre Timoteo. No vacila en entregar lo que más quiso, su mujer, al diablo Tazol con tal de que sus ambiciones se vean alcanzadas [5].

Asturias critica directamente el hecho en sí, e indirectamente la civilización que perturbó la mente y la visión de la vida auténtica del indio, introduciendo preocupaciones negativas: la riqueza y su adquisición a toda costa. El autor confronta así un tema universal —la ambición, y un hecho social de consecuencias— ser rico, ser poderoso para dominar a los demás. Desde que sintió Yumí la loca necesidad de enriquecerse, dejó de ser feliz. La ambición le arrojó a una cadena de negativas aventuras que le llevaron hasta la muerte.

Lo religioso

En el presente caso, habiendo un conflicto social, también hay un conflicto espiritual como se-

---

[5] "...me haría rico, mucho más rico que el maldito Timoteo Teo Timoteo. Y qué no hace uno por ser rico: delinque, mata, asalta, roba, todo lo que el trabajo no da, con tal de tener buenas tierras, buen ganado, caballos de pinta, gallos de pelea y armas de lo mejor..." (pág. 15).

cuela de la fusión nociva de dos religiones opuestas, la cristiana y la pagana. Esto ha llevado a adoptar, inconscientemente, un conjunto complejo de creencias híbridas, lleno de las más absurdas aberraciones posibles.

La degradación religiosa del pueblo es prominente y significativa en la obra. Tazol entra con los Yumí a la "ciudad universitaria de los brujos", Tierrapaulita, "convertido en la cruz del Dios Santo" (págs. 99, 96). Hay una mezcla de lo pagano —Tazol—, con lo cristiano —la cruz—. Ambos son símbolos de poderes sobrehumanos y divinos, a los que debe el pueblo, por tradición, acogerse para encontrar amparo y satisfacción espiritual. Ambos son poderes que moldean negativamente la potencialidad anímica del ser. La misma confusión, y con mayor significado, se evidencia en la encarnación de Cashtoc —diablo pagano, en el sacristán mestizo Jerónimo de la Degollación, y la de Candanga— diablo cristiano, en el indio Yumí. Ambos son individuos racialmente diferentes que personifican poderes incompatibles (pág. 191).

La posición crítica del autor frente a la religión oficial católica, como elemento de la degeneración de la espiritualidad de la raza, es obvia. Asturias ve en ella una fuerza deficiente en el proceso de asimilación del carácter espiritual del indio. Asturias, al haber usado como parte de la materia novelable las pesadillas de un cura acosado por conflictos religiosos (págs. 166-168), está proyectando el caos de la vida que opera sin un acicate espiritual definido;

su definición es, según el autor, esencial, no importa el lado al que se incline.

Cuando, entre otros muchos pasajes relacionados con la crítica religiosa, se toma en consideración el del sermón del padre Chimalpín, se puede apreciar la inconsistencia y vacuidad real de la práctica religiosa a la vez que la poca escrupulosidad de quienes la dirigen. El sacerdote presenta un sermón que es memorizado, que nada tiene que ver con el asunto, ni es lo suficientemente adecuado al tipo cultural de los que le oyen (págs. 186-187).

La desvalorización de lo religioso es aún más evidente cuando el sacerdote, que debía luchar contra la superstición del indio, se entrega deliberadamente a ella [6].

Aunque el autor por un lado es radical contra todo aquello que ofuscó la mentalidad y concepción espiritual, y con ello la concepción material de la vida del indio, parece asimismo, a la luz de otras referencias en el libro, que lo que quiere es definir lo auténtico que debe existir, y de hecho existe, en las fuerzas que chocando produjeron la caótica persuasión religiosa del individuo. Así se ve al autor buscando un sentimiento religioso consistente y definido, un credo que no embrutezca la conciencia del progreso espiritual y material del nativo. "A mí se me hace", dice Jerónimo de la Degollación, "que el temor de Dios que nos inculcan de chiquillos nos hace temerosos de todo" (pág. 248). Esta palabra

---

[6] El padre Chimalpín sigue las instrucciones del curandero Mucunuy Quim para curarse de las cicatrices de su cara (págs. 259-270).

"todo" parece incluir el temor aun a la superación social y económica del individuo [7].

Lo moral

No se puede creer que, desde un punto de vista moral, plantee Asturias, en *Mulata de Tal*, el conflicto entre el bien y el mal en el sentido como lo ha propuesto Olazagasti. Ella dice: "En *Mulata de Tal* el tema principal tiene connotaciones éticas. Es la lucha de las fuerzas del mal representadas por los demonios, ya sean estos indígenas o cristianos, que tienden a desorganizar ese orden natural que obedece a la armonía de las cosas creadas por Dios y que representan las fuerzas del bien" [8].

Aquí se cree, más bien, que se define el valor auténtico del hombre frente al mundo. Es decir lo que el hombre debe ser con respecto a los otros hombres. Asturias establece esto, no contraponiendo valores positivos representados por personajes ontológicamente aptos para ello a valores negativos, sino a través de ficciones absurdas y negativas en sí, que

---

[7] La autenticidad del cristianismo tal vez parece sugerirse con las siguientes palabras: "No se es cristiano porque sí, se es cristiano porque ello implica amar más, amar más es darse más, es abarcar, en la dádiva a cuanto nos rodea, plantel de dichas en que se cumple con todo, sin el grito diabólico de la exigencia despierta, de la llama carnal que no engendra sino cenizas" (págs. 241-242).

[8] Adelaida Lorand de Olazagasti, "*Mulata de Tal*", *Asomante*, Homenaje a Miguel Ángel Asturias, vol. XXIV, núm. 3 (julio-septiembre 1968), pág. 74.

llegan a la falla del hombre. Cashtoc, en conferencia con sus diablos subalternos de la tierra, habla sobre lo que debe hacerse con el hombre individualista que no cumple con la misión que se le ha asignado en este mundo, o sea con la misión de ayuda y cooperación mutuas entre sus semejantes. Dice Cashtoc:

> —¡Una polvareda fue la creación y una polvareda queda de las ciudades que destruimos! ¡No más ciudades! ¡No más hombres que no son sino apariencia de seres, como el formado de barro, que se deshizo solo, y el de madera, colgado, como simio, de los árboles! ¡Los hombres verdaderos, los hechos de maíz, dejan de existir realmente y se vuelven seres ficticios, cuando no viven para la comunidad y por eso deben ser suprimidos! ¡Por eso aniquilé con mis Gigantes Mayores, y aniquilaré mientras no se enmienden, a todos aquellos que olvidando, contradiciendo o negando su condición de granos de maíz, partes de una mazorca se tornan egocentristas, egoístas, individualistas... hasta convertirse en entes solitarios, en maniquíes sin sentido! (pág. 172).

Resumiendo la cita en una comparación, se tiene que debe el hombre ser y actuar con respecto a la sociedad como debe el maíz ser y actuar con respecto a la mazorca. Sólo entonces se salva éste de la destrucción.

¿Cómo se sabe que estas palabras de contenido filosófico son de Asturias y no tan sólo de Cashtoc? O sea, ¿cómo se sabe que lo que Cashtoc ha dicho sobre el hombre y su misión, en esta cita, lo ha dicho por el autor? Para creer que estas son palabras de Asturias, es preciso tomar en cuenta dos hechos: primero, que la misma idea filosófica está plasmada en otras obras de Asturias, particularmente en *Hombres de maíz*. En esta novela se deduce, como mensaje definido, la idea de que el hombre verdadero, el hombre de maíz, debe ser totalmente para su comunidad. Y segundo, que la misma idea se repite muchas veces en *Mulata de Tal*, unas veces explícita y otras implícitamente, como se verá luego.

El hombre aparece como un elemento rebelde y perturbador del orden de la creación al no operar en su vida social bajo los imperativos morales de ayuda, amor y entendimiento mutuos. Cashtoc dice:

—¡Plantas, animales, astros..., existen todos juntos, todos juntos, como fueron creados! ¡A ninguno se le ha ocurrido hacer existencia aparte, tomar la vida para su uso exclusivo, sólo al hombre que debe ser destruido por su pretender existir aislado, ajeno a los millones de destinos que se tejen y destejen alrededor suyo!... —¡Por eso, repito, debe ser destruido el hombre y borradas sus construcciones, por su pretensión a singularizarse, a considerarse fin en sí mismo! (pág. 172).

Aquí se repite aquello de que "destruir es crear". Es preciso aniquilar todo cuanto embarace el desarrollo de la vida comunitaria, de la vida de los verdaderos hombres de maíz. No se trata entonces de destruir la creación, como interpreta Olazagasti, sino de afirmarla, y asegurarla, eliminando todo cuanto quebrante su unidad, integración y armonía.

De estas referencias, se puede inferir que Asturias sugiere la idea del mal y del caos, como consecuencia de la falta de unidad y cooperación en la comunidad. Esta falta de unidad, cooperación colectivas es secuela de la falta de una definida conciencia moral, social y religiosa en la sociedad.

Es preciso ver ahora lo que moralmente representan Yumí y la Mulata.

Yumí, el protagonista de la novela, es un ente bueno en sí; es interesante apreciar cómo el autor, para reforzar el valor especial interno del personaje, lo presenta como un ser codiciado por su osamenta áurea. Dentro, muy dentro, del ser hay metafóricamente un valor esencial [9]. Este ser moralmente bueno vive feliz mientras no ha llegado a corromperse; o sea mientras se mantiene dentro de la calidad de hombre de maíz. Sólo cuando pierde éste tal calidad, o sea se corrompe, deja de ser bueno para volverse malo y objeto de destrucción. Yumí es malo

---

[9] "Para ella (la Mulata), de los huesos áureos de Yumí, salían las espinas luminosas... de qué sol tan interno... de qué luz tan profunda..." (pág. 209). Yumí es, pues, un sol resplandeciente, una luz profunda y sagrada, un ser, en fin, dignamente agraciado y bello, de valor intrínseco.

y por tanto infeliz cuando, por las ambiciones de poder, entrega su mujer al diablo.

El segundo personaje importante en la novela es la Mulata. Ésta, rigurosamente interpretada, escapa a toda norma moral, pues no se define como ser humano y mal puede ser juzgada dentro de algo que sólo éste puede ser considerado. No obstante, se podría hacer un enjuiciamiento moral en cuanto ella es fuerza que incide en la conducta del protagonista. La Mulata, personaje fuera de lo común, tanto por su belleza como por otras consideraciones de su ser, es un ente moralmente negativo. Ella es "todopoderosa por su crueldad sin límites" (página 57). Es "ambiciosa y perversa" (pág. 52). "Vándala por naturaleza y sin más ley que su capricho" (pág. 52). Tiene una "rabiosa necesidad de destruir", todo cuanto halla a su alcance (pág. 46).

Así se comprende cómo, desde un plano moral, habiendo llegado Yumí a un estado de imperfección, fue atraído por algo o alguien moralmente compatible.

Dentro de la obra hay historias definidas que en sí forman unidades narrativas. Tales son por ejemplo las historias de los hombres jabalíes o salvajes o la de las nueve vueltas del diablo. En algunas de las historias de este tipo, junto al valor folklórico y social, pueden hallarse sugerencias morales que se relacionan de algún modo con las palabras que Cashtoc dijo sobre el hombre. Refiriéndose a la historia de los jabalíes, se tiene que éstos eran seres humanos, que por su borrachera fueron animalizados y quedaron con el disfraz que llevaban. Yumí cree que los jabalíes en el mundo saben mejor que los hombres (pág. 73). Aquéllos son más sociables que éstos (págs. 73, 77), y por tanto más solidarios en la causa común de la vida. La misma idea se remata con una comparación adecuada. "Nos gustaría", dice la jabalí a Yumí, "quedarnos con el oso" (El oso al principio era detestado por los jabalíes). "Nos haremos amigos y viviremos todos en comunidad" (pág. 78).

Tomando en cuenta la incoherencia y lo absolutamente fantástico que en el libro dominan, es posible preguntarse con relación al mensaje: ¿Por qué Asturias, si quiso proponer un mensaje relacionado con problemas vitales, no lo hizo bajo una fórmula comprensible y fácilmente captable? ¿Por qué quiso complicar más lo ya enigmático? Respondiendo a esto, se tiene que él quiere, según muchas veces lo ha dicho, llegar a los valores de su pueblo, usando la vía de lo inconsciente ya que este mundo fantástico es parte integrante de la vida real: sin él, ésta es incompleta y de poca consecuencia. Habiendo hecho esto, se vio Asturias en el caso de enfocar la vida y sus enigmas desde este plano fantástico, desde dentro. Si así lo hizo, era claro que las fórmulas dadas como mensaje habrían de ser entendidas e interpretadas también desde un plano predispuesto a lo irreal y fantástico, pues eran productos de la inconsciencia. Dicho en otros términos, mal pudo haber propuesto Asturias fórmulas coherentes de interpretación si la materia confrontada era de distinta índole; esto es, de índole inconsciente y fantástica. Asturias no pudo traducir lo irracional con una fórmula racional convencional sino meramente exponerlo y hacer sentir al lector cómo ese enigma funcionaba y cuáles eran sus alcances. Asturias no pudo juzgar el mundo inventado de su novela con normas racionales y entregárselo con fórmulas asimismo racionales, sino tan sólo representárselo, desde dentro, tal como es y funciona.

Todo lo que se ha querido sugerir en este estudio es que *Mulata de Tal* contiene, sin embargo de su técnica especial, un mensaje de tipo social, religioso y moral. Pero estos aspectos son partes de un complejo contenido que ha sido elaborado con una nueva visión filosófica y artística de la realidad: la visión de la realidad vista como un concepto relativo, cuya elaboración práctica es en definitiva el otro elemento temático de la obra [10].

VICENTE CABRERA

---

[10] Este estudio apareció en *Cuadernos Americanos*, XXXI (1972), 208-218.

FANTASÍA Y REALIDAD EN *MULATA DE TAL*

Es el propósito de este trabajo considerar cómo se manifiesta lo fantástico y lo real [1] en la novela *Mulata de Tal* de Miguel Ángel Asturias. En este estudio trataremos de definir, en lo posible, qué constituye y caracteriza lo fantástico de esta obra, y cómo Asturias mezcla esta fantasía con la realidad. Además, se observarán las cualidades líricas que rigen a *Mulata de Tal*, y notaremos cómo a través de ellas logra el novelista plasmar sus objetivos.

Lo sobrenatural en "Mulata de Tal"

La estructura de lo presentado en la novela *Mulata de Tal* ha hecho que algunos crean ver una carencia de relación entre sus episodios componentes [2]. Esta novela se nos presenta como un conglo-

---
[1] La distinción que aquí hacemos entre ambas cosas es determinada por el punto de vista del hombre de Occidente.
[2] María Josefina Tejera, "Fantasía y Realidad en *Mulata de Tal* de Miguel Ángel Asturias", *Revista Nacional de Cultura*, 182 (1967), 69-70.

merado de sucesos cuya naturaleza se inclina hacia lo fantástico y absurdo. Un argumento general, unificador, en el sentido usual de la palabra, no creemos pueda afirmarse con toda certeza exista en *Mulata de Tal* [3]. Esto no es de dudarse ya que en otra novela suya el propio Asturias ha reconocido tal cosa: "En *Hombres de maíz* no hay concesiones. No hay argumento: Que las cosas sean claras o no, no importa, se dan simplemente" [4].

Pero en fin, ¿en qué consiste *Mulata de Tal*? ¿Ilustra esta novela las tendencias del realismo artístico? ¿Nos da una visión subjetiva, por parte de Asturias, de la subconsciencia americana?

Estéticamente creemos que la característica preponderante en esta novela es realista artística. El autor se sumerge más y más, según avanza la obra, en el subconsciente americano. En contraste con otras novelas de Miguel Ángel Asturias, en *Mulata de Tal* lo fantástico se encuentra presente desde sus comienzos, agrandándose según avanza la acción, llegando a acapararlo todo.

Al leerse a *Mulata de Tal*, uno, forastero a lo que para Asturias es la visión indígena americana, se siente perdido ante la irrealidad circundante, la incoherencia, y sólo casi a su fin descubrimos la posibilidad de que todo lo leído hasta entonces haya

---

[3] Al decir esto concordamos con Thomas Lask, quien escribió una reseña de la versión inglesa de *Mulata de Tal*, *New York Times* (October 25, 1967), 45.

[4] Luis Harss, *Los Nuestros* (Buenos Aires, Editorial Sudamericana, 1966), pág. 110.

sido expresión del subconsciente del padre Chimalpín. Nótese que aún en esta revelación final, Asturias es evasivo. Oigamos esta escena:

> Se detuvo... quién... veía poco y apenas si un hilito de ruido le perforaba el oído... No los reconoció hasta que estuvo en la ambulancia. No parecían camilleros, sino gentes de otro planeta, por la vestimenta, por sus movimientos...
> Un día más sin diagnóstico...
> Los dientes, sí, sus dientes, qué cosa rara, le crecían... las orejas también... y los dedos... y la nariz...
> Sí, era ese tipo de lepra, pero... (rió bajo las sábanas al salir los médicos), no se volvería elefante... si les contara lo de la araña de las once mil patas... estuvo picado de viruelas, sin que le hubiera dado viruela... eso sí debía comunicárselo al médico de guardia... era un antecedente... lo llamó... cada vez quedaba más pequeña la perilla del timbre en su crecida mano de paquidermo... el médico le escuchó... ahora iba para elefante, pero ya había sido araña... araña de once mil patas para combatir con el diablo de los once mil cuernos que se le presentó en forma de un puerco espín de fuego que le espinó la cara de cicatrices de viruela...

Otra semana sin diagnóstico y cada vez más consumido... (pág. 299)[5].

Ésta es, sin lugar a dudas, una descripción magistral por parte de Asturias del estado del cura. Se le ve enfermo, deteriorándose, su mente divagando bajo sus obsesiones. Nunca se dice que lo narrado es producto de sus delirios de enfermo, no se niega la realidad de lo escuchado antes, pero se ofrece una explicación lógica a la estructura de esta novela, a su desorden general, quizás manifestación de las visiones de este hombre, expresión de una realidad incomprensible para nosotros.

Realismo y fantasía

A través de la novela, realismo y fantasía se mezclan. Sin embargo, en *Mulata de Tal* lo fantástico aparece con más fuerza que lo real.

Al comienzo de la narración, aparecen la realidad y el mito combinados. Un pasaje lleno de realidad y color local es aquel en que Celestino Yumí describe a la muchedumbre de mujeres entrando a la iglesia (pág. 8). La descripción de Tazol, también por Yumí, es un buen ejemplo de como aun refiriéndose a algo sobrenatural, a un diablo, Asturias todavía no crea una impresión de irrealidad:

---

[5] Referencias, a lo largo del trabajo, a *Mulata de Tal* de la tercera edición (Buenos Aires, Editorial Losada, S. A., 1968).

Yumí no vio nunca con quién hablaba. Era un cuerpo invisible que formaba el viento y que le caía encima con peso de red cargada de hojas de maíz, sólo las hojas, sólo el tazol y tan parecido al tazol, que así lo llamaba: Tazol (pág. 13).

Esta atmósfera realista se mantiene más o menos hasta principios del capítulo llamado "Brujo Bragueta encuentra a la Mulata de Tal" (pág. 39). Hasta aquí lo sobrenatural es presentado en forma casual. Con la aparición de la Mulata en la novela, la magnitud de lo fantástico aumenta. Un ejemplo de esta tendencia lo tenemos cuando la Mulata confiesa su naturaleza sobrenatural (pág. 44). La tendencia homosexual de la Mulata y su afirmación con respecto a la luna, contribuyen a la rarificación de la atmósfera de la novela. En esta misma sección, Yumí nos narra sus sufrimientos por culpa de la Mulata (págs. 45-46).

Sin embargo, no es hasta el capítulo "Muy grandes brujos quieren ser Brujo Bragueta y su mujer" que lo sobrenatural lo empieza a dominar todo. Tierrapaulita es presentada como un lugar torcido, deforme. Sus habitantes adquieren las mismas características que este pueblo. Todo es grotesco allí (páginas 98-99).

En Tierrapaulita, los diablos y brujos deambulan con completa libertad. Es un lugar a las puertas del infierno, donde la maldad impera. Aquí suceden los hechos más increíbles: un sacristán es poseído por el cuerpo de una mujer, un enano se convierte en gigante, un hombre pasa a ser un puercoespín, un cura torna a ser una araña, etc.

De lo sobrenatural a lo absurdo sólo hay un paso en esta obra. Hay pasajes como cuando se nos describe el estado físico del sacristán, después de la noche en que la Mulata lo poseyó; y el de las curas del padre, por sus marcas de viruelas, donde la incoherencia reina (págs. 242 y 269).

Metamorfosis

A lo largo de *Mulata de Tal* sus personajes principales experimentan cambios que los convierten físicamente en nuevos personajes. Esta metamorfosis es algo que se opone a todo sentido común, a la razón. Yumí es quien en la novela sufre más cambios: es enano, gigante, hombre con la cara picada de viruelas, y puercoespín. Su esposa Catalina es enana y la bruja Giroma. La Mulata es sacristán, una vieja delgada, y su propia hija. Otros dos casos donde se ven cambios de identidad en *Mulata de Tal* son los del hombre-roca y los salvajes. La facilidad con que un personaje cambia de identidad en esta novela se asemeja a un sueño, donde a gusto de nuestra mente cambiamos las características de una persona.

Carencia de límites temporales

La importancia de la representación del tiempo en una novela es grande [6]. En *Mulata de Tal*, al tener la acción semejanza con un sueño, carece de importancia el orden cronológico del tiempo. El mundo de Tierrapaulita se halla fuera de las limitaciones que el concepto del tiempo impone.

Lirismo en "Mulata de Tal" [7]

Algo característico de la ficción de Miguel Ángel Asturias es su tono lírico. *Leyendas de Guatemala, Hombres de maíz, El Señor Presidente, El Alhadito* y *Kinkajú* ilustran esta característica con mayor o menor intensidad.

En *Mulata de Tal* el aspecto poético posee gran importancia aunque el lenguaje sea sencillo, corriente. A través de la palabra, de las funciones que As-

---

[6] Véase a A. A. Mendilow, *Time and the Novel* (New York, 1965), pág. 234.

[7] Nótese que las características líricas en una novela realista-artística cual *Mulata de Tal* no implican que sea ésta una novela lírica. Existen similitudes entre el estilo de una novela lírica y una realista-artística. La expresión del subconsciente se facilita a través de las técnicas de la prosa lírica, que en sí no es más que una profunda manifestación de la sensibilidad del escritor. Sobre la novela lírica véase a Ralph Freedman, *The Lyrical Novel* (Princeton, Princeton University Press, 1963), pág. 1.

turias le atribuye, se verifican las tendencias líricas en esta novela. En esta obra hay ejemplos de metáforas y símiles. Lo sensorial, acústico, olfativo y visual son captados con el propósito de dar vida a lo descrito. Entre las técnicas habituales en la novela tenemos el uso de la onomatopeya; la repetición de palabras, frases y letras con el propósito de crear un efecto determinado; la descripción de lo morboso y macabro con idea de crear un ambiente de repulsión en el lector, de hacerle patente lo descrito.

No podemos olvidar que aún los asuntos tratados por Asturias evocan emociones propicias a la expresión poética. Al referirse el novelista a mitos mayaquiché, el ambiente mágico-fantástico de Guatemala, evoca en nuestra mente imágenes propias de la poesía [8].

La narración en *Mulata de Tal* se caracteriza por su incoherencia, incoherencia propia de un sueño o pesadilla. Lo poético en el estilo de Asturias contribuye a darle vida a este desorden de escenas, respondiendo este uso de lo poético al deseo de Asturias de representar lo que él cree es la absurda realidad, la realidad mítica de las culturas primitivas de América. O sea, lo poético como aspecto técnico, estético, en su prosa es usado en función del mensaje, dejándonos ver Asturias sus cualidades realista-artísticas.

Hay que especificar que el estilo de *Mulata de Tal* se diferencia bastante del de otras novelas de

---

[8] Léase a Adelaida Lorand de Olazagasti, "*Mulata de Tal*", *Asomante*, 3 (1968), 79, quien hace mención a estas características.

Miguel Ángel Asturias. Bien podría decirse que es la culminación de elementos estilísticos presentes en sus restantes obras [9]: aquí la presentación de un mundo subconsciente a través de métodos propicios es lo que más importa. En otras de sus obras el mensaje social o el efecto poético [10] han sido el objetivo principal del escritor. En *Mulata de Tal*, la presentación de un mundo caótico es la meta suprema. Esta meta no excluye la posibilidad de que exista uno o varios mensajes que el autor desea perpetrar. Tampoco implica que el estilo lírico usual de Asturias no aparezca; por el contrario, el objetivo del escritor es propicio al uso de un estilo poético, estilo que en este caso complementará [11] el propósito central de la novela [12]. El propio Asturias, refirién-

---

[9] Emir Rodríguez Monegal, "Los dos Asturias", *Revista Iberoamericana*, 67 (enero-abril 1969), 17, sostiene una idea distinta a la nuestra. Para él *Hombres de maíz* "no sólo marca un punto culminante... sino un momento de perfección que, ni antes ni después, el inquieto narrador guatemalteco volvería a alcanzar". Según este crítico si bien *Mulata de Tal* es "hasta cierto punto equiparable a *Hombres de maíz*, no se sostiene por un defecto de concepción".

[10] Algunos ejemplos de la tendencia de presentar asuntos sociales los tenemos en *El Señor Presidente* y la trilogía bananera. Del efecto poético en *Leyendas de Guatemala*, *Kinkajú* y *El Alhadito*.

[11] Vale aclarar que en otra ocasión me referí a la "subordinación" del estilo poético de Asturias ante su preocupación por la presentación de un mundo caótico. Creo que el uso de la palabra "complementará" capta mejor mis ideas de ayer y hoy. Véase a *Sin Nombre*, 2, núm. 3 (1972), 65-74.

[12] En *Leyendas de Guatemala*, *Kinkajú* y *El Alhadito* creemos que Asturias se deja llevar por su inspiración lírica. Si

dose al lenguaje de *Mulata de Tal*, nos menciona como él ve en esta novela algo innovador de su arte:

> Creo que mi lenguaje en *Mulata de Tal* tiene una nueva dimensión. En *Hombres de maíz* está todavía cargado de terminología religiosa y mítica. *Mulata*, en cambio, está escrita en el lenguaje popular, como una especie de picaresca verbal, con el ingenio y la fantasía que tiene la gente sencilla para hilar las frases y jugar con las ideas [13].

Que hay relación entre la concepción de *Mulata de Tal* y una visión lírica de la vida es indiscutible. Aun al escoger la palabra mulata para que formase parte del título de esta novela, Asturias se dejó llevar por lo que él creyó este término sugeriría. Él trató de captar en una palabra lo más posible [14].

Hay mucho de poesía en *Mulata de Tal*, y esto se ve en el pasaje cuando el diablo se llevaba a Santano al infierno:

---

bien en todos nos narra algo, ya sean leyendas o la desaparición de alguien o un ambiente mágico, se percibe en estas narraciones que lo que el escritor intenta ante todo es hacer partícipe al lector de su emoción, emoción que se nos da en forma lírica. Casi se puede decir que estas tres obras son ejercicios poéticos de Asturias, quien está tratando de afianzar, de desarrollar y definir, sus habilidades con la prosa poética.

[13] Harss, pág. 123.
[14] *Ibid.*, pág. 124.

Santano sintió que el demonio se lo llevaba. Sin moverse de donde estaba, se lo llevaba. ¿Cómo explicárselo? Muy sencillo. Como cuando la luna entre las nubes parece correr y uno que la ve siente que va con ella (página 228).

El lenguaje es sencillo y puro en estas líneas donde se capta la realidad de este viaje fantástico. He aquí, en captar la realidad de un momento, donde los elementos poéticos de la prosa de Asturias resultan magistrales. Otro buen ejemplo de esta habilidad de expresar lo que sucede lo tenemos cuando el sacristán hace tañir las campanas en mitad de la noche en que el cura, convertido en araña de once mil brazos, y Yumí en puercoespín, sostuvieron su gran batalla (págs. 226-227).

Sin embargo, el arte poético de Miguel Ángel Asturias no se ve limitado a describir sólo lo que sucede; aun la carencia de actividad, el silencio, se capta en *Mulata de Tal*: "Mudez total. No sólo de lo que es comunicación, lengua, idioma, habla, canto, ruido... El silencio, el silencio también callaba entre los cielos y la tierra..." (págs. 298-299). Obsérvese la carencia de lógica detrás de lo dicho en esta breve cita. No obstante, la impresión de silencio cobra existencia ante nuestros ojos.

El ambiente

Ya nos hemos referido a la habilidad de Asturias de captar un ambiente, de crear en el lector un efecto determinado. A través de *Mulata de Tal* hay un grupo de estos ambientes que aparecen varias veces o se extienden desde su principio hasta su fin [15]. Entre los efectos que se extienden en la totalidad de la obra está el morboso-sensual y el mágico de ponderación o miedo. Entre los frecuentes pero más bien limitados a ciertas partes de la narración tenemos el del caos y el que nos presenta a la naturaleza americana desde un punto de vista típico.

El ambiente morboso-sensual en *Mulata de Tal* adquiere proporciones extravagantes y groseras. Es de una sensualidad enfermiza la enumeración hecha por el cura de los pecados de las mujeres en Tierrapaulita al estar poseídas por "el espíritu negro de Cashtoc" (pág. 105). Grotesco en su totalidad es el capítulo "Cocos y diablos en un contrabando de agua bendita" (págs. 143-151). Un buen ejemplo de lo grotesco y morboso lo tenemos en la descripción de las partes de que fue desposeída la Mulata (pág. 213).

El efecto mágico de ponderación y miedo ante los diablos le da vitalidad a tanta fantasía, un objetivo de Asturias. El poder, la grandeza de los diablos es ponderado aún en sus mutuas relaciones. Así tenemos que Cashtoc se dirige a Tazol calificándolo de "—Gran Nefandario..." y Tazol respondiéndole: "¡Cashtoc Grande! ¡Cashtoc Inmenso!..." (pág. 113). Esta ponderación también se manifiesta en las des-

---

[15] Cuando decimos que se extienden a través de la obra entera no nos referimos a que en cada pasaje estén presentes. A lo que nos referimos es a su habitual presencia en la novela que crea una impresión de totalidad.

cripciones que tenemos de ellos: "Gritoncita se oyó la voz de roedor de Tazolín, que de la mano de Tazol se paseaba al lado de Cashtoc, el Grande, el Inmenso, el Invencible..." (pág. 115).

Un ambiente de terror, de miedo, es creado cuando a la llegada de Candanga, el demonio cristiano, se oye un grito en la noche que atemoriza a hombres y mujeres y les induce a sostener relaciones carnales en obediencia al mandato diabólico:

—¡Al engendroooo hoy! ¡Al engendroooo! ¡Al engendroooo hoy! Los casados, los amaritados, los que dormían con mujer, ya no solo se daban vuelta o media vuelta en la cama, al escuchar en sueños o despiertos aquel como bando del Enemigo Malo, sino remolineaban, encogíanse, estirábanse, invitando el manotazo a sus compañeras a responder al pregón con el amargo, pero dulce débito.

—¡Al... dro... ooohoy...

No, ya ni le oían. El grito de lo que se contaba los mantenía pavorizados (pág. 183).

Otras veces este ambiente de miedo ante lo sobrenatural se crea para la apreciación del lector. La descripción de la muerte del sacristán, llamado en este pasaje Sabana, ilustra esto (págs. 296-297). En esta escena al lector le parece estar escuchando los fatídicos pasos de la muerte, que se aproxima y aleja de su víctima: el sacristán.

LA NUEVA FICCIÓN. — 5

Los ambientes de caos total y los que nos presentan a la naturaleza típica americana están más bien concentrados en partes definidas de la novela. Ocurren dos caos o terremotos en *Mulata de Tal*: el provocado por la Mulata y el que tiene lugar en Tierrapaulita. El desorden general que tal conmoción implica se puede apreciar en las siguientes palabras del sacristán: "llegar pronto a la iglesia... pero ¿orientarse sin calles?... se... se... se quedó en el aire... agarrarse... pero de qué si todo se caía... no había ya donde poner los pies... no había suelo estable..." (pág. 285). El uso de la frase entrecortada es muy acertado para lograr conferirnos el efecto deseado.

La naturaleza americana, por su parte, aparece resaltada en sus cualidades más representativas y típicas:

> —¿Viene todo? —preguntó Cashtoc—. ¿Vienen los danzarines del Baile del Cux y del Iboy? ¿Viene la piedra que brama? ¿No olvidaron el achiote, el chile guaque, la calaguala, el copal, el mastuerzo, el jengibre, el tamarindo, la yerbabuena, la pimienta, el jaboncillo? (pág. 174).

Estilo poético

De barroco podríamos calificar el estilo de Miguel Ángel Asturias en *Mulata de Tal*. Su verbosidad; su uso audaz de la metáfora y la onomatopeya; su tono poético en algunos lugares, y grotesco en otros; todas estas características justifican nuestra afirmación.

Lo sensorial: Acústico, olfativo y visual, ocupan un lugar de importancia en el estilo de *Mulata de Tal*. En la reproducción de sensaciones Asturias nos deja ver la maestría de su arte. Un ejemplo de esta habilidad suya en lo acústico lo tenemos en el grito que Candanga ordena: "¡Al engendroooo!" (página 183). Tal parece que escuchamos el eco de este grito en la noche. Lo olfativo queda patente cuando el cura dice:

> ...ésta no es obra de Cashtoc, sino de los indios! ¡De ser Cashtoc —lagrimeaba a más y mejor—, la iglesia apestaría a pedo de pólvora, pero el tufo es de mingitorio público... hiede que no se aguanta a indio mojado... a bejuco húmedo!" (pág. 168).

También es habilidoso Asturias en su expresión de lo visual, escuchémosle:

> El pajarraco bajó con él del tamarindo. Había crecido tanto el tronco que aquel hermosísimo paraguas de Dios, verde, ramoso, perfumado de flores rojas y frutos en vainas con gueguechitos, frutos que ya parecían nacer viejitos... (pág. 33).

Relacionado a las descripciones sensoriales en *Mulata de Tal* está el uso de la sinestesia. En esta novela son muchas las veces en que una sensación es explicada en términos de otra. Oigamos algunas:

"perfumado de flores rojas" (pág. 33) y "árboles de ojos que hacían pío... pío..." (pág. 289).

La metáfora: Es el otro elemento usado por Miguel Ángel Asturias en esta obra. El lector puede percibir la vida de las imágenes, aunque debido a la naturaleza mítica de los temas de Asturias, las comparaciones parezcan algo fantásticas. Hay metáforas sencillas: "Sin moverse, quedósele mirando, lo atravesó con los carbones apagados de sus ojos" (página 40); y también las hay más complicadas, que se extienden por varios párrafos:

> ¡Incendio! ¡Incendio!...
> Un incendio sin llamas y sin humo, de fuego fijo, estabilizado fuera del tiempo, en el mundo del sueño real, de las cosas reales, palpables, verdaderamente reales, y sin embargo, sueño, sueño, sueño...
> Celestino Yumí corrió a ver qué sucedía. Y dormido, rascándose, rascándose, rascándose, botar la escama del sueño y, hallar ¡por fin se encontraba!, su humana presencia de patrón frente a los mayorales y los peones que acudían a querer apagar el fuego a guacalazos de agua, aquel resplandor rubicundo que emanaba de las trojes llenas de olotes, fosforecentes, hidrogenado, inflamándose en el verdor pantanoso de la madrugada...
> Yumí estaba como loco. En lugar de billetes encontró las trojes llenas de pedazos de oro (pág. 47).

Las palabras: En sus relaciones con otras palabras iguales o distintas tienen una función importante en el arte de Asturias. La técnica de la repetida enumeración de características que da un toque dramático aparece en *Mulata de Tal*:

> Polvo y silencio. Luna, polvo y silencio. Luna, polvo, calor y silencio. Bocanadas de hogazas, hartazgos rojos de incendios que tañían el horizonte de granate. El calor iba en aumento. Las hojas empezaban a tostarse. Era trágica la inmovilidad de los árboles, su imposibilidad de huir, de escapar, de escaparse de las llamas. Era la mulata que regresaba (pág. 67).

Otras veces la enumeración crea una visión gráfica de lo descrito:

> Tambores de madera, túneles de eco inacabable. Tambores de cuero, barrigas de viento retumbante. Caracolas de ulular agorero. Conchas de tortugas. Tecomates vacios. Flautas de caña. Cascabeles. Ocarinas. Y los Gigantes o Gigantones bailando... (página 136).

También se usa la onomatopeya en *Mulata de Tal*: "Canta pájaro pardo, ¿no oyes el cocotli... coco...co cotli...coco... de las palomas y el cuitlacosh... cuitlacosh... del pájaro Ceniza..." (pág. 224). Pero no siempre tienen las palabras usadas por Asturias un propósito. Muchas veces aparecen palabras sin coherencia (sin función alguna aparente), ejemplos, quizás, de un mundo que va aún más allá de la comprensión del artista:

> Un becerro color de cerro, cerro de serrín color de madera de hierro, me lo dio a entender en uno de sus trémolos. En lugar de maestro de coro, tengo becerro de coro, que no berrea, sino becerrea, reo de asesinato... (pág. 103).

Fusión de lo fantástico y lo real

En *Mulata de Tal*, como hemos visto, conviven lo fantástico y lo real. *Mulata de Tal* se diferencia de otras obras anteriores de Asturias, ya que la acción de esta novela se desenvuelve en un plano que para nosotros es sobrenatural, aunque vemos en él toques esporádicos de realidad.

El hecho de que alrededor de lo fantástico gire la obra, contribuye a nuestra creencia de que en *Mulata de Tal* Asturias va en busca de una realidad que él cree existe y que sólo a través de medios literarios, medios que caracterizan al "realismo artístico", él sabe podrán ser conseguidos. La acción se desenvuelve en esta novela como en un sueño —sueño incoherente y absurdo—, manifestación de lo que para Asturias es el subconsciente primitivo americano.

La habitual metamorfosis de los personajes, el olvido de toda noción del tiempo, el uso de palabras carentes de un mensaje definido, el lirismo, los mitos, todo, en fin, está opuesto al sentido común, a nuestro concepto de la razón. Asturias mismo, comentando sobre las características de sus obras, ha dicho:

> El surrealismo de mis libros corresponde un poco a la mentalidad indígena, mágica y primitiva, a la mentalidad de esta gente que está siempre entre lo real y lo que se inventa. Y creo que esto es lo que forma el eje principal de mi pretendido surrealismo [16].

No hay duda de que Asturias está tratando de captar, en *Mulata de Tal*, su visión de la subconsciencia de una raza (que quizá esté expresando aquí su propia subconsciencia que, como él diría, en fin de cuentas no es más que un producto de su ambiente). En ambos casos lo que importa es que la expresión artística del subconsciente, sea de quien sea, ha dado origen a una gran novela, a una obra de arte [17].

Luis González del Valle

---

[16] Aparece esta referencia en Lorand de Olazagasti, 74, quien la toma del artículo de Yepes Boscán, "Asturias y el lodo sagrado de las cosas", *Revista Imagen*, 14-15 (1967), 13. (Yepes aquí lo que hace es entrevistar a Asturias).

[17] Nótese que Lask, 45, y Seymour Menton, *Handbook of Latin American Studies*, tomo 28 (Gainsville, University of Florida Press, 1966), pág. 256, no creen que esta novela sea un gran éxito. Menton, por ejemplo, en dos líneas condensa lo que para él contiene *Mulata de Tal* (el subrayado es mío): "A mixture of Guatemalan folklore, literary experimentation, and sex. *Asturias' weakest novel*".

SENTIDO Y FORMA DE *MALADRÓN*

Arte y creación

En el "Manifiesto del Ultra", publicado en 1921 por Jorge Luis Borges, Jacobo Surida, Juan Alomar y Fortunio Bonanova, se dice: "Existen dos estéticas: la estética pasiva de los espejos y la estética activa de los prismas. Guiado por la primera, el arte se transforma en una copia de la objetividad del medio ambiente o de la historia psíquica del individuo. Guiado por la segunda, el arte se redime, hace del mundo su instrumento, y forja —más allá de las cárceles espaciales y temporales— su visión personal. Esta es la estética del Ultra. Su volición es crear: es imponer facetas insospechadas al universo" [1].

La actual novela hispanoamericana responde en cierto modo a la segunda estética del manifiesto. Esta novelística es el efecto de un proceso esencialmente

---
[1] Carlos Meneses, "Los manifiestos ultraístas de Jorge Luis Borges", *Insula*, núm. 291 (febrero 1971), pág. 3.

creador, subjetivo, más que de imitación, u objetivo, como lo fue la novelística anterior que se creyó, en pleno siglo XX, el espejo de la realidad hispanoamericana como lo fue la novela galdosiana de España en el siglo XIX. Para el novelista actual hispanoamericano el mundo objetivo o circundante es tan sólo un medio más de elaboración artística; la novela así no parte y termina en el exterior sino que parte y termina en la imaginación del novelista. La diferencia capital entre el ultraísmo y la nueva novela hispanoamericana es, sin embargo, que aquél tiene como lema "la creación por la creación"[2], y ésta tiene como meta la creación substanciada por la visión del artista frente al mundo. El tema, hay que anotar, no obscurece de ninguna manera lo estético; al contrario el tema se justifica en la obra literaria sólo en virtud de lo estético. Pero también, siendo el tema universal, la elaboración artística procura ser más perfecta para lograr expresarlo con efectividad. Concluyendo, se tiene entonces que el novelista hispanoamericano actual asimila y practica un concepto especial y exacto del arte, del arte visto primariamente como una operación activa y creadora más que pasiva e imitadora. Su estética corresponde a la perspectiva del prisma y no a la del espejo.

Esta idea del artista creador aparece teórica y prácticamente en esta novela de Miguel Ángel Asturias —*Maladrón*—. En los diálogos entre el escultor Lorenzo Ladrada y la escultura de Maladrón, obra

---

[2] Carlos Meneses, pág. 3.

de aquél, se dice: "El dominio del creador sobre su obra, sensación de haberla *sacado de la nada,* hizo a Lorenzo sentirse capaz de aniquilar en cualquier momento a aquel ser *nacido de su fantasía,* tallado por sus manos en fragante y pálida madera de naranjo"[3]. El creador se vale de la madera para concretizar la imagen nacida y desarrollada en su fantasía (pág. 155). La imagen concretizada en el pedazo de madera es inventada, no copiada de ningún modelo preexistente en la naturaleza. Ella es el efecto puro de una creación y no el de una reproducción (págs. 155-158).

Maladrón, explicándose de acuerdo con esta perspectiva innovadora del arte en el contexto hispanoamericano, se constituye en una obra realista artística. Asturias inventa en ella un mundo imaginado y fantástico que, independiente y válido en sí, logra presentar su visión personal y subjetiva sobre el conflicto entre las culturas blanca e india. El conflicto, como en *Mulata de Tal,* abarca lo social, lo religioso y lo moral. Las dos ideas claves de esta interpretación son entonces: *a)* la existencia de una invención artística ligada; *b)* una visión temática substanciadora. De acuerdo con lo antes dicho, *Maladrón* no es la mera recreación de lo que hubiera sucedido históricamente entre españoles e indios en la conquista, sino que es la creación de un mundo, en este caso fantástico, que expresa la visión per-

---

[3] Miguel Ángel Asturias, *Maladrón* (*Epopeya de los Andes Verdes*), tercera edición (Buenos Aires, Editorial Losada, 1969), pág. 155.

sonal de Asturias sobre la confrontación ya referida. Esta concepción del arte —consciente o no en Asturias— hace que *Maladrón* sea una obra distinta de *El Señor Presidente* en la cual se representa, basándose en una realidad objetiva, la vida de un presidente guatemalteco con miras a generalizarlo y hacer de él el tipo del presidente-dictador latinoamericano.

Lo fantástico y su efecto

El subtítulo de esta novela (Epopeya de los Andes Verdes) sirve para explicar el fenómeno de lo fantástico que constituye casi la totalidad de la obra. El que aquí se trate de una epopeya hace que el autor pueda, en un amplio marco de libertad, manipular lo fantástico en correlación con lo real y terminar con una síntesis narrativa en la que desaparecen los límites entre uno y otro elemento. Es decir, el que se trate de una epopeya justifica la introducción de lo maravilloso como en el caso de *Mulata de Tal* lo justificó el sueño del padre Chimalpín; no quiere decirse desde luego que no haya también sueños en *Maladrón* como los hay en *Mulata de Tal*.

En *Maladrón* es posible encontrar dos planos de lo maravilloso: lo maravilloso propiamente dicho y lo ultramaravilloso. Esta distinción de planos se encuentra claramente en el capítulo XXIX. Aquí Maladrón (escultura) evoca su vida pasada; siendo Maladrón una escultura que habla constituye el primer plano maravilloso y la evocación de su vida pasada es el segundo (págs. 180-181). Tales juegos de fantasía y ultrafantasía, a más de indicar la falta de límites entre ellas, forjan una ilusión de realidad que proviene del uso de lo fantástico que no requiere ser explicado, puesto que el lector ya se ha adaptado a la atmósfera maravillosa de la novela. Otro ejemplo de tal efecto ilusorio basado en lo fantástico sería el diálogo de los caballos (cap. XX). Aquí lo importante es el efecto real que tal diálogo ultrafantástico produce al verificarse lo dicho por los caballos en la conversación entre Antolinares y Ladrada. El caballo *Gavilán* es hijo de una alazana que perteneció a un príncipe. Se sabe esto porque así lo dicen los caballos y luego sus dueños. Un caballo dice a otro: "Mi *madre alazana* contaba, y ella era nacida allá donde vosotros, la historia de Tobías, burro jovial que perdió el pelo y murió de salivación por haber lamido a la yegua que montaba un *príncipe* aureolado de mercurio tenue..." (pág. 126, énfasis mío). Se verifica lo dicho en la cita anterior por lo que dice Ladrada: "*Gavilán*, por la estampa y el nervio. Es hijo de una *yegua alazana* que mi amo compró en una de sus ausencias, y la hubo de manos de un asturiano que en el servicio de su *Majestad* tenía olvidados nombre, origen, patria, todo..." (pág. 126; los dos énfasis últimos son míos.)

El efecto principal de lo fantástico, tanto en esta obra como en *Mulata de Tal*, está en que aquél aparece como real no únicamente por la fuerza de un estilo persuasivo que lo presenta sino por su uso constante y persistente. El lector se acostumbra, se familiariza, con lo fantástico que a la final ya no le parece fantástico, sino muy natural. Lo positivo de este artificio es que Asturias logra crear este mundo fantástico y mantenerlo fantástico persistente y consistentemente. El lector que ya se ha acostumbrado a la visión de este mundo maravilloso llega a intuir inclusive una especie de lógica de acuerdo con la cual suceden las cosas; una lógica parecida, en su efecto, a la lógica del mundo real, de acuerdo con la cual suceden los acontecimientos reales.

Una comparación que pudiera ilustrar esta perspectiva artística es la de una obra en la cual el creador elaborara un mundo completamente absurdo y lo mantuviera tal desde el principio hasta el final. Lo absurdo imperceptiblemente se volvería algo ordinario y común, y lo no absurdo (en este mundo absurdo) sería lo extraordinario y fuera de contexto. Esta visión puede servir perfectamente para comparar la situación fantástica total del cuento de García Márquez "Un señor muy viejo con unas alas enormes", en el cual lo real imperceptiblemente se convierte en lo fantástico, pero porque lo fantástico primero había logrado ya en la mente del lector un estado real.

Uno de los medios estilísticos más efectivos para producir esta mutación mental de lo fantástico en lo real es el detalle. El detalle consiste aquí en explicar minuciosamente un fenómeno cualquiera (real, fantástico propiamente dicho o ultrafantástico) de la acción. Con el detalle se neutraliza lo maravilloso. El autor con aquél ostenta una audaz frialdad para exponer lo fantástico como real y para hacerlo con detalle minuciosamente como que si él fuera el testigo visual de la existencia de lo fantástico que describe, y siendo él el testigo, es como que el autor quiere que el lector le crea en todo lo que dice [4]. Esta explicación del detalle contradice lo que Thomas E. Lyon, en la reseña de esta novela, anota: "The narration [dice como si fuera un defecto] is often over-explained and burdensome" [5].

Asturias ha querido relacionar sus obras con ciertos libros sagrados, como el *Popul Vuh* y *Los anales de los Xahil*, para explicar lo fantástico y así interpretar la subconsciencia de un pueblo [6]. Estas relaciones son importantes por ser ellas —como luego se verá— otra posible explicación de lo maravilloso en *Maladrón*. Asturias procura aquí, como también en *Mulata de Tal*, crear una atmósfera maravillosa, parecida particularmente a la del *Popol Vuh*, para así, según cree Asturias, sugerir la interpretación de lo subconsciente, mítico y legendario de su pueblo. En ambas obras la manipulación de tal elemento se caracteriza por su persistencia y consistencia. El efecto de transformación mental de lo fantástico en lo real es positivo y convincente en una y en otra obra.

---

[4] Véase sobre el detalle "Quince preguntas a M. A. Asturias", *Revolución*, número especial (17 de agosto 1959), págs. 23-24.
[5] Thomas E. Lyon, Reseña del *"Maladrón"*, *Books Abroad*, 45 (1971), 77.
[6] "Quince preguntas", pág. 23.

La correspondencia del título con el tema

El título de la novela, *Maladrón*, es una alusión a Gestas (el mal ladrón) que con Dimas (el buen ladrón) fue crucificado con Cristo. Aquí aparece Gestas como el dios del materialismo y de la ambición (pág. 102). Sus secuaces, según Asturias, son los españoles que impulsados por tales incentivos conquistaron América (págs. 94-95). Si se acepta que Maladrón es Gestas, se rectificaría lo dicho por Lyon. Este crítico dice: "The title of the novel stems from the reverence paid Barrabas, the materialistic thief, by four adventurers who break away from their greedy conquistador friends" [7]. Si se dice que el título hace referencia a Barrabás, se fallaría no sólo en la identificación de Gestas, sino además en la interpretación del título, cuya connotación es importante. Interpretando el título se dirá que Asturias usa el término "Maladrón" para aludir al mal ladrón (Gestas) que murió en la cruz con Cristo. Los españoles, dentro de este contexto interpretativo, vinieron a América no con la cruz de Cristo —símbolo de Amor—, sino con la cruz de Gestas —símbolo del propósito que les trajo a la conquista: la codicia, el robo. Las dos citas siguientes prueban lo dicho: "Nuestro credo amparado por la cruz de Gestas, el ladrón, cubre mejor las ganancias y riesgos de la conquista" (pág. 123). "¡La cruz que traemos no es la de Jesucristo, vociferaba Zenteno, sino la del Ma-

---

[7] Lyon, pág. 77.

ladrón, sin ser esto un descrédito para nos, conquistadores de aquí y de allá, porque la prédica de este hombre también crucificado, acepta la existencia del bien, sostiene la necesidad de la virtud, busca la felicidad humana, el bien como utilidad, la virtud como categoría física y la felicidad como aprovechamiento placentero de lo que disponemos y a sabiendas de su gozo sin reservas, por no existir otra vida después de ésta! ¡Ésta y se acabó!" (páginas 94-95).

Ya se dijo en la primera parte de este trabajo que *Maladrón* trataba temáticamente del conflicto social, religioso y moral proveniente de la confrontación racial y cultural del blanco con el indio. Esta idea es la más obvia en la novela. Hay otro punto temáticamente que no es tan obvio, pero es importante por proveerle a la obra algo de ambigüedad. Tal punto es la presentación de la soledad del mestizo, personificado en la novela por el niño de la Titil-Ic (María Trinidad) y Antolinares. El niño mestizo aparece al final como una víctima abandonada.

Estructura, tiempo y punto de vista

Maladrón tiene una organización argumental más desarrollada y más efectiva que la de *Mulata de Tal*. Los treinta capítulos en los que la novela se divide tienen una elemental coherencia y estructura definida por un más o menos claro y dinámico material argumental, gracias al cual la obra se hace más penetrable y menos evasiva que *Mulata de Tal*.

Esta epopeya, por razones de argumento y estilo, se divide en dos partes: la primera acaba con el capítulo VI y la segunda empieza con el capítulo VII. En la una se habla de las guerras entre conquistadores e indios y en la otra la trayectoria seguida por los cuatro españoles separados del grupo principal de los conquistadores. En aquélla aparece el indio como el señor de América que contempla la decadencia de su mundo. Tal decadencia es acelerada sobre todo por la muerte de Chinabul Gemá (cap. V). En la segunda parte el indio, dominado por el conquistador, se convierte en víctima de la nueva cultura.

La segunda parte tiene tres elementos estructuradores semidefinidos: 1) la búsqueda de la unión de los dos mares; 2) el plan de la participación de Maladrón en las fiestas de Cabracán, y 3) la relación de Antolinares con la india Titil-Ic. Esta relación se presta para el engendro y nacimiento del mestizo. Su nacimiento coincide más o menos con el encuentro del lugar donde se juntan los mares y con el fracaso de Maladrón al ser tomado prisionero por los indios, cuando aquél con sus secuaces gesticuladores (se llaman así porque adoran a Gestas con gestos) quiso clandestinamente intervenir en las ceremonias de Cabracán (cap. XXVII).

Esta segunda parte está saturada de una atmósfera más fantástica que la de la primera. En la primera parte, si se analiza detenidamente el orden, sentido y equivalencia conceptual de las palabras, se notará que todo es más o menos normal; es decir, la intensidad de este elemento es mínima en esta parte. Lo fantástico propiamente dicho empieza en el capítulo VII con la expulsión de Caibilbalán al país Lacandón (pág. 45). La visión del mundo novelístico es desde este capítulo definida por la visión encantada y particular de Lacandón. Esta expulsión de Caibilbalán es así otro pretexto más del que se vale Asturias para la creación de lo fantástico. El pretexto principal, como ya se dijo, era el carácter épico de la obra.

El tiempo en esta novela, como en *Mulata de Tal*, transcurre imperceptiblemente. Transcurre tan imperceptiblemente que parece tratarse aquí de un tiempo estático. La única referencia explícita al dinamismo temporal se halla en el capítulo I al referirse el autor a las estaciones del verano e invierno (págs. 9, 13). Esta aparente inmovilidad total coincide con la atmósfera fantástica que el autor se propone crear y mantener en la novela, específicamente en la segunda parte.

La acción cronológicamente se desarrolla en algún período del siglo XVI. Además de una referencia explícita al año 1562 (pág. 69) hay indicios que ratifican que la acción se desarrolla en aquellos tiempos. Tales indicios son formas lingüísticas y modos retóricos usados por los españoles de entonces: haber, por tener, ¡Vota a Dios!, hideputa. También se sabe donde sucede la acción: ésta sucede en Centro América, aunque hay ciertas preocupaciones del autor por hacer de su epopeya más continental.

La narración se hace en tercera persona; el narrador omnisciente aquí lo sabe todo, es testigo de lo real y fantástico que les pasa a los personajes de su mundo inventado. Su deseo por expresar todo lo que pasa con el máximo detalle persuasivo hace que la obra como resultado no tenga mucho diálogo. Hay casos de capítulos enteros en los que sólo el autor es quien presenta las ideas al lector. En estos casos, donde el diálogo desaparece, hay cambios inesperados de tercera a primera persona que ciertamente complican la distinción entre lo dicho por el protagonista y lo dicho por el narrador. El capítulo XV es un ejemplo verificador de tal peculiaridad técnica. En la primera parte del capítulo, donde el material narrativo está ordenado especialmente para producir el carácter heroico del indio, el narrador usa el presente de indicativo como si aquél contemplara hoy y lo entregara instantáneamente al lector la impresión de lo visto. Este artificio del presente de indicativo da a la narración una perspectiva dramática parecida a la de *Leyendas de Guatemala*. La narración así dramatizada parece más dinámica y en cierto modo más convincente.

Asturias en su afán por producir autenticidad en su novela fantástica, o sea en su afán porque lo fantástico cobre realidad, usa el paréntesis al igual que otros escritores modernos hispanoamericanos. Así el narrador omnisciente hace que lo dicho entre paréntesis sea la verdad en contraposición a lo que dice o piensa el personaje. Lo dicho entre paréntesis es como algo confidencial entre el narrador y el lector. "El desconfiado Capitán no se apeaba del caballo, temeroso de no poder desandar el mal camino que bastante andado tenía y menguado el ánimo ante la amenaza de sus compañeros de convertirlo a la secta de los gesticulantes, sin que se diera cuenta ni pudiera oponer su voluntad. (Lo que en verdad temía Rostro es que lo fueran a volver piedra por robarle el tesoro)" (pág. 89).

Personajes

El narrador expresa o sugiere en el desarrollo de los personajes una doble postura muy ingenua y simplista. La una es crítica y crudamente satírica; la otra es de simpatía e identificación. Esta doble actitud maniqueísta corresponde al doble tipo de personajes que habitan la novela: el blanco malo y el indio bueno. Esta simpleza para distinguir entre malos y buenos es el defecto mayor de esta novela. De acuerdo con la doble visión, los blancos aparecen caricaturizados y grotescamente concebidos hasta el punto de ser asimilados como una especie de fantoches cuyas acciones y situaciones absurdas y ridículas coinciden con su ser absurdo y ridículo. Se dice, hablando de Duero Agudo: "El tuerto se regresaba al ojo sin ojo la mecha lechosa respirando con la garganta atrancada, sofocos o ahogamientos que con pescozazos y palmos en la espalda le aliviaba Zenteno, para luego seguir respirando suavemente el humo que los envolvía en una nube de paz, sin tiempo ni espacio" (pág. 62). Esta estilización deformante además de expresar la actitud negativa del narrador frente a los seres por él deformados y lo que éstos representan, refuerza también la atmósfera fantástica de la novela. Efectivamente, está fuera de lo normal un hombre descrito con las características físicas de Agudo.

La otra posición del narrador, o sea la posición positiva frente al indio, es de simpatía, lo que hace que se los refiera con un tono sentimental y lírico. Este aspecto lírico se encuentra sobre todo en la primera parte donde los personajes indios adquieren una grandeza monumental y épica. La descripción típica de un indio es la siguiente: "El Señor de los Andes Verdes sacude la cabeza de cabellos peinados, lisos, negros. Sin el penacho de plumas, sus sienes baten libremente. Levanta los ojos al cielo para llamar al viento. Abrir los brazos. Sentirse arrebatado. Tener alas. Volar a preguntar a los que saben, qué debe hacer" (pág. 20).

Particularmente el primero y segundo capítulos de *Maladrón* recuerdan el estilo de *Leyendas de Guatemala* por las descripciones plásticas de los reyes indios acompañados por su escolta de sabios y nahuales. Tal descripción plástica, además de constituirse en un elemento de deleite estético, sugiere la grandeza de los personajes descritos. En el pecho desnudo del Varón de Esmeraldas "forman remolinos de luces los collares de chalchihuitls" (pág. 17).

Los personajes tanto de uno u otro lado son tipos, figuras, que están manejados de acuerdo con el sentido crítico e irónico del narrador. Siendo aquéllos así manipulados, ellos responderán exclusivamente a la visión personal del autor y no a su libre motivación propia. La obra es entonces una novela eminentemente subjetiva, en la cual el autor con sus juicios define todo.

Estilo: Asturias hecho palabra

Asturias tiene una marca estilística original y única en las letras hispanoamericanas. Su estilo en sí produce un deleite. Así pues, en sus novelas a veces no importa tanto lo que se dice sino la forma como se lo hace. Su estilo es complejo y audaz. No es éste natural y sobrio como el de García Márquez. El estilo de Asturias, si bien en algunas ocasiones es natural, en la mayoría de los casos es agudo, vigoroso, lírico, poético y aún épico; toda esta variedad está presente en un mismo experimento novelístico. La audacia estilística radica principalmente en el atrevido juego con el lenguaje y con formas retóricas que asustarían tal vez a una corta mentalidad academicista. Como ejemplo de juego de palabras se tiene lo siguiente: "Escarabajos cascarudos y cascarrabias que al despedirse, en lugar del sabroso 'ya platicamos', ronronean, 'ya escarabajeamos'" (página 47). "Antolinares estornudó interrumpiendo escandalosamente las tosidas asmáticas del tuerto y espantando a los perros echados que saltaron para huirse de allí, mientras Zenteno se restregaba la nariz para quitarse de la punta la brasa asfixiante del chile soasado. ¡India maldita!, pensó ordeñándose el narizón igual que teta de vaca, pintado en la cara el arrugamiento del que ya, ya suelta el ¡*aaachi*!, sin llegar a soltarlo, pues sólo va tras ¡*aaa*...! tras ¡aaaAAA...!" (pág. 104). Los juegos metafóricos y sinestésicos son efectivos: "Mal cálculo hicieron los teules —ojos zarcos, pelo rubio, pellejo blanco—, se les adelantó el invierno. Los primeros aguaceros paralizan su avance. Los golpea el agua que no oyen, ensordecidos por la altura, los golpea el agua que no sienten de tanto lloverles encima. Combaten contra un ejército de cristal armado del rayo, el relámpago y el trueno, árboles que caen, piedras rodantes, centellas y serpientes de fuego" (pág. 13). "Los remos golpeaban en el agua, como martillos en resonante caja de caudales, por ser donde la india decía existir un tesoro" (pág. 110). Aquí la palabra "caudales" tiene un doble sentido: agua y riquezas. "Entre las hojas amarillas los pasos sonaban a cansancio seco, a fatiga tostada por el sol" (pág. 84). Otro ejemplo de sinestesia es el siguiente: "El tibio y dormido pasto se tragó el sonido tintineante de las espuelas de Ladrada y Antolinares" (pág. 183).

Hay otras particularidades estilísticas en *Maladrón*. Éstas son las siguientes:

1) Se habló antes de una cierta preocupación plástica en las descripciones de los indios. La idea de lo plástico se refuerza con el hecho de que Asturias quiere crear narrativamente cuadros que por su significado y emoción estética recuerdan y evocan la pintura moderna y, en otros casos, la pintura antigua. La pintura moderna, especialmente Picasso, puede apreciarse en la siguiente descripción de una guerra y sus resultados: "Pasos presurosos, eco de armas, remolinos de brazos que se alargan, cuerpos humanos que pugnan por llegar a donde todos empujan, sacando la cabeza, parte de la frente, a veces

los ojos, a veces la boca, un hombro, un brazo, a riesgo de sumergirse y morir ahogados, de caer y acabar pisoteados, con tal de aproximarse, de llegar a donde están destrozando dos cuerpos humanos, ensangrentados y ya casi descuartizados" (pág. 19). La pintura antigua está evocada así: "Sangra todo el suelo herido. Hombres ocultos en caparazones de tortuga, tortugas con cara humana, y otros aún más extraños a horcajadas sobre venados monstruosos, clinudos, sin cuernos, colilargos, combaten con tigres, águilas, pumas, coyotes, serpientes, que también son hombres. Batalla de estampa. Lámina de códice" (página 10). Toda la página de donde esta cita proviene contiene una prosa efectiva que hace sentir y ver los horrorosos detalles de la guerra entre conquistadores e indios. El amontonamiento y el detalle son los principales medios para la producción de tal efecto plástico deseado.

2) Asturias no presenta directa e inmediatamente los objetos y las personas. Los envuelve con curiosas descripciones que además de crear y reforzar la rareza del ambiente, reflejan particularmente el deleite estético de Asturias en las descripciones en cuanto tales. En el ejemplo anterior en vez de decirse simplemente que hay sangre en el suelo y que unos cuantos jinetes están presentes, se elabora una estampa que vale por sí misma más que por su contenido y significado.

3) La prosa de esta obra es reflexiva más que "automática" como Lyon lo sugiere [8]. Cada párrafo

---
[8] Dice Lyon: "The entire work bears the mark of what Fernando Alegría has termed 'automatic writing' —the author

está estructurado conscientemente. Los juegos de palabras, las elaboraciones metafóricas y sinestésicas y en fin la organización misma de la trama no emanan de un automatismo sino de una reflexión pulidora. El supuesto automatismo aún en *Mulata de Tal* cuya estructura es menos coherente, es dudoso. En general hablar de "automatic writing" en la literatura de los nuevos escritores hispanoamericanos es incurrir en una generalización que tiene poco valor.

4) Tal vez el punto estilístico más importante es el que, con el juego del lenguaje y de los conceptos, crea en la obra, y sobre todo en la segunda parte, un tono jovial, un tono nada grave, que coincide con lo que había dicho García Márquez sobre la falta de seriedad de *Cien años de soledad* [9]. Con esta afirmación sobre el estilo de Asturias no se excluye el hecho de que el autor adopte temáticamente una posición seria. Sin embargo, esta seriedad temática, que además de seria es simplista por dividir a los personajes en buenos y malos, en cierto modo se redime gracias al estilo especial que forja en la obra un tono acertadamente frívolo y antisolemne.

VICENTE CABRERA

---

merely lets his interior thoughts and feelings flow forth, the better to capture, supposedly, the essence of life", pág. 77.

[9] Armando Durán, "Conversaciones con Gabriel García Márquez", *Revista Nacional de Cultura*, año XXIX, núm. 185 (1968), pág. 28.

GABRIEL GARCÍA MÁRQUEZ

"LOS FUNERALES DE LA MAMÁ GRANDE"
(CUENTO DE TRANSICIÓN TÉCNICA)

Es imposible definir con exactitud el momento en el que un autor acaba con una modalidad estilística y comienza una nueva. La evolución del proceso creador del artista no es, ni puede ser, suceptible de rigurosas etapas demarcatorias, no sólo porque la materia que se pretende encasillar no se presta, por su naturaleza, a ese tipo de rigor científico, sino porque aquellas pretensiones muchas veces son contraproducentes, que lo único que hacen es dificultar la comprensión de la producción del autor. Por ello antes de hacer cualquier intento más o menos de este tipo, es preciso tratar de comprender la obra que provoca la realización de tales experimentos y luego, ya con bases seguras, sugerir que en ella hay algo (no necesaria y totalmente nuevo) que antes si bien ya asomó de alguna manera, hoy en tal obra se perfila más claramente, o mejor, se intensifica hasta convertirse en una característica fundamental.

"Los funerales de la Mamá Grande"[1] se divide en dos partes: la introductoria y la general. La una comprende la primera página, y la otra, el resto. En la primera parte se da la síntesis de la naturaleza del contenido y la forma en su íntima unidad. En ella aparecen algunos caracteres básicos del poder y las funciones de la Mamá Grande, a la vez que los actos que anticiparon y siguieron a la muerte de ésta. Lo importante en esta parte es que el autor, usando la técnica de la absoluta frialdad narrativa y aparente ingenuidad estilística, le persuade al lector de que el contenido del cuento, o mejor de la crónica[2], aunque rara, es real. Así, por ejemplo, luego de que el Sumo Pontífice, como Remedios Buendía de *Cien años de soledad*, "ha subido a los Cielos en cuerpo y alma" (pág. 127), Márquez, como si estuviese viendo las huellas dejadas por los funerales, dice: "*Ahora* que... es imposible transitar en Macondo a causa de las botellas vacías, ...los huesos roídos, las latas y trapos y excrementos que dejó la muchedumbre que vino al entierro, ...es la hora... [para] empezar a contar desde el principio los pormenores de esta conmoción nacional..." (pág. 127. El énfasis en esta cita y en la siguiente es mío). La idea se refuerza complementariamente con las últimas palabras de la historia: "*Mañana* miércoles ven-

---

[1] Gabriel García Márquez, *Los funerales de la Mamá Grande*, cuarta edición (Buenos Aires, Editorial Sudamericana, 1968).

[2] Este interés por producir un efecto o ilusión de realidad le lleva al narrador a llamar su cuento, crónica, en dos oportunidades (págs. 144-145).

drán los barrenderos y barrerán la basura de sus funerales, por todos los siglos de los siglos" (página 147).

En la parte general se encuentran el antes, el hoy y el después de los funerales. Esta parte, con relación a la parte introductoria, es un retroceso cronológico; su narración es de lo anterior a lo narrado en la introducción.

Pero esto no es todo. La acción en sí se constituye de actos que suceden en el presente y en el pasado. Este pasado se divide en, lo que se llamaría, pasado de primer grado y pasado de segundo grado. El presente equivale al presente del narrador; el primer pasado equivale al presente de la Mamá Grande; y el segundo pasado al pasado de la misma. El narrador vuelve a los hechos del primer pasado a través de la evocación que los del presente incitan y a los del segundo pasado, que es más lejano del presente del narrador, a través de la evocación forjada por los hechos del presente y del pasado más próximo. La libre y violenta transición de uno a otro tipo de acción depende de la visión subjetiva, irónica, del autor y del plan argumental y temporal propuesto por él para la formal expresión de tal visión.

Esta moderna estructuración argumental tiene actos que se repiten varias veces, dando, conjuntamente con la abundancia del material narrativo, la impresión de la existencia de un aparente desorden que quebranta el curso de la acción. Este supuesto desorden produce a su vez en el lector la placentera impresión de estar escuchando una narración anecdótica sencilla e ingenua relatada por un curioso cuentista que sabe manipular los varios elementos de realidad y fantasía por igual.

El autor, casi al final de esta crónica, dice, hablando del hecho mismo de la muerte y entierro de la Mamá Grande: "Algunos de los allí presentes dispusieron de la suficiente clarividencia para comprender que estaban asistiendo al nacimiento de una nueva época" (pág. 146). Basándose en esta declaración, se tiene que la Mamá Grande posiblemente representa el último eslabón de una larga cadena de viejos valores sociales, políticos y económicos. García Márquez presenta aquí, envueltos en una leyenda irónico-satírica, la decadencia y extinción de una realidad histórica: el viejo orden social de su país en particular e hispanoamérica en general.

Macondo, en la obra general de Márquez, toma diversas perspectivas. Unas veces es un pueblo fantástico, otras veces real. Unas veces es particular y limitado, otras veces universal. En este relato es Macondo un pueblo real y universalmente proyectado. Macondo, por los detalles que lo definen, parece ser una América en síntesis. Macondo, a más de los caracteres sociales básicos que luego se indicarán, parece un cosmos en que la paz y la concordia políticas asegúranse únicamente a través de la trapisonda, el engaño y el miedo; un mundo en que el poder tradicional se sobrepone a la autoridad transitoria y un lugar donde la clase está sobre la plebe (página 139).

El viejo orden social, representado por la Mamá Grande y su familia oficial, tenía, según Márquez, dos caracteres básicos: la posesión hereditaria de la tierra como fuente única de poderío en todos los órdenes de la vida (págs. 134-135) y la concepción rígida de una estructura familiar cerrada por conveniencias (pág. 129).

Se cree que esta «visión medieval pertenecía... no sólo al pasado de la familia, sino al pasado de la nación" (pág. 133). Esta clave lleva a concebir al personaje como a la nación misma. La identificación se substancia más cuando, con la enumeración de los bienes que forman el patrimonio invisible de la Mamá Grande, se le identifica a ésta directamente con el Estado. Aquellos bienes son, entre otros, "la riqueza del subsuelo, las aguas territoriales, los colores de la bandera, la soberanía nacional, los partidos tradicionales..." (pág. 137).

De algún modo se relacionan con estas observaciones los puntos que Márquez establece a través de la muerte de la Mamá Grande. Además de que tal muerte es el ocaso de una época, es también imagen que sugiere la idea de caos, que, en la transición histórica, medió.

Llama Márquez a la muerte de la Mamá Grande "conmoción nacional". Esto es que el fin de una época tradicional y el inicio de una nueva motivaron violencia social. Substanciando más esta misma idea, se dice que "el orden social había sido rozado por la muerte" (pág. 138), que la Mamá Grande quedaba enterrada, para siempre, bajo una "plataforma de plomo" (págs. 146, 147).

Volviendo a las anotaciones sobre aspectos técnicos en la obra, se tiene que la forma de la narración es sencilla, natural, clara y en su mayor parte lógica. Lo fantástico, con excepción de todo lo relacionado con el Pontífice, no es tan prominente, o mejor no parece tan prominente por la manera fría, aparentemente ingenua y llana con la que se cuenta. Además, se hace menos perceptible este elemento fantástico por la fuerza irónica y humorística de la expresión. El lector ha aceptado lo fantástico aun sin darse cuenta; el estilo especial en que aquél viene preparado no le ha permitido discernir si tal o cual acción es o no real.

Aunque con los frecuentes detalles largos y minuciosos, en cierto modo se interrumpe el movimiento normal de la narración, éstos sirven, sin embargo, como recurso técnico que Márquez emplea para inyectar una dosis de consistencia real a la vez que de ironía en el cuento. Ejemplo de lo primero, o sea del detalle como recurso de autenticidad, se encuentra en la laboriosa descripción costumbrista-folklórica de los artículos que se vendían en los días de fiesta por la celebración de los cumpleaños de la Mamá Grande (pág. 131), y de lo segundo, o sea de los detalles minuciosos como recurso irónico en la lista de las reinas (pág. 145), o en la lista de los bienes que constituyen la propiedad invisible de la Mamá Grande (pág. 139).

Refiriéndose a la identificación de los personajes se dirá que aunque no haya una descripción directa y completa de la personalidad interna y externa de la Mamá Grande —como la hay acerca de la de su sobrino el caudillo "titánico y montaraz" Nicanor (pág. 128)—, se la puede imaginar deduciéndola no sólo de la idea sugerida a través de su nombre oficial —Mamá Grande—, sino también de sus acciones y reacciones y esporádicas referencias breves que se hacen a ciertos aspectos físicos. Ella, dentro de una perspectiva irónico-humorística, se define como una mujer retrógrada, egoísta, ambiciosa, meticulosa y suspicaz. Todas estas son características que, relacionadas con el tema, concuerdan con lo que Márquez tal vez quiso representar a través de ella: el viejo orden social.

El humorismo en este cuento no falta. El relato en sí, como se ha anotado, conlleva un hilo sutil jocoso desde el principio hasta el fin. En ocasiones, no obstante, al asociar palabras y actos que coinciden con el carácter interno y externo del personaje, es Márquez explícito en su vena humorística. La Mamá Grande dice a su sobrino Nicanor: "Tienes que estar con los ojos abiertos... Guarda bajo llave todas las cosas de valor, pues mucha gente no viene a los velorios sino a robar" (pág. 134). Hablando del desenlace final de la protagonista, se relata: "Ahogándose en el maremágnum de fórmulas abstractas que durante dos siglos constituyeron la justificación moral del poderío de la familia, la Mamá Grande emitió un sonoro eructo, y expiró" (pág. 137). En estos dos ejemplos se aprecia, a la vez que un efecto humorístico, un intento de perfilación interna del personaje. En el primer ejemplo se recoge un dicho popular, con el que se explica humorísticamente que la Mamá Grande fue celosa de sus bienes y desconfiada de los que la rodeaban, hasta el último momento de su vida. En el segundo caso Márquez presenta un acto grotesco y extraño como resultado final de una vida también, en cierto modo, grotesca y ruda.

García Márquez, en fin, lo que ha hecho en este cuento ha sido presentar, a través de una fórmula jocosa, un tema, aunque no universal, serio: lo específicamente social y político de Macondo. Para ello se ha condensado la realidad bajo la forma de una leyenda irónicamente sencilla. Lo fantástico, por el especial estilo con que es elaborado, no parece ser de consecuencia mayor y lo real, por el contrario, parece substanciar la forma total del relato. El estilo es además especial, en cuanto combina lo serio y humorístico bajo una fórmula de expresión normal que los tolera. El lector en cierto modo se ríe del cuento a la vez que medita en su mensaje.

La pregunta que debería hacerse después de este análisis general del cuento sería. ¿Cuál es el valor de este cuento, si lo tiene, dentro del desarrollo de la obra de García Márquez? Para ensayar una respuesta a esta interrogante es preciso enfocarlo en relación tanto con los otros cuentos de la colección como con *Cien años de soledad*. "Los funerales de la Mamá Grande", en la evolución literaria de García Márquez, parece ser el cuento de transición técnica. Efectivamente, éste viene a ser la culminación técnica de la colección y el inicio de *Cien años de soledad* y aún más este cuento viene a ser estilísticamente un capítulo anticipado y experimental de esta novela.

Si se toma en cuenta el elemento principal que es el estilo, se ha de decir que entre los cuentos de la colección respectiva es sólo el último en el cual logra aquél producir el efecto capital que habrá luego de constituir la esencia de *Cien años de soledad.* Casi lo contrario a lo que sucede en los cuentos anteriores de la colección, en "Los funerales de la Mamá Grande" lo fantástico es la parte decisiva de su construcción. Así, por lo fantástico, el estilo, que es el instrumento definitivo en la presentación de tal elemento, produce por primera vez el efecto que consiste en hacer que lo fantástico aparezca como real: tan real que el lector no tenga tiempo de averiguar si lo dicho es o no posible de suceder. En síntesis, se usa y explota mejor el estilo de García Márquez cuando éste tiene que presentar lo fantástico (no importa si este elemento fantástico existe o no en la vida latinoamericana), y no sólo presentarlo sino persuadir al lector de que tal fantasía es realidad. García Márquez posiblemente estuvo consciente de la importancia de este cuento en su obra y por eso, usando el mismo nombre de su cuento, tituló a su entera colección *Los funerales de la Mamá Grande.*

Vicente Cabrera

ASPECTOS TEMÁTICOS Y ESTILÍSTICOS DE *CIEN AÑOS DE SOLEDAD* [1]

Como se observa en el título de este trabajo nuestra aproximación a la novela *Cien años de soledad* de Gabriel García Márquez resulta compleja y multiforme. Entre los aspectos temáticos a estudiar figuran el hombre y su soledad, y la inexorabilidad del tiempo en el individuo, los cuales aparecen, hasta cierto punto, en el título de esta novela. Es obvio que la cantidad de cien años delimita la duración de la acción; y que la cualidad de soledad expresa un estado de ánimo que prevalece en la obra. Otro elemento temático lo constituye nuestra creencia de que la novela presenta una nueva visión del cosmos, de su realidad. Normalmente, todo novelista crea un mundo donde sus personajes se desenvuelven. García Márquez va más lejos: él no sólo concibe un ambiente determinado, sino que nos deja ver a tra-

---

[1] En su forma original este ensayo fue escrito con la colaboración del profesor Antolín González del Valle, de The University of North Carolina, Wilmington.

vés de él su concepción de la realidad. Dicha concepción se basa en la idea de que toda realidad es esencialmente relativa, dependiendo de aquellos que participan en ella. Además de considerar lo expuesto con anterioridad es el propósito de este trabajo estudiar, brevemente, las características del mundo que Macondo representa, la función de la estructura circular del tiempo y la crítica social.

De tipo más bien técnico resulta nuestra aproximación a la presentación temporal de los hechos, al elemento onírico, y al estilo de *Cien años de soledad*.

La realidad en Macondo

La realidad en *Cien años de soledad* se basa en la creencia de que todo es posible en la vida. El propio García Márquez nos dice al respecto:

> Yo creo que particularmente en *Cien años de soledad*, yo soy un escritor realista, porque creo que en América Latina todo es posible, todo es real [2].

La autenticidad de algo depende, más bien, de los ojos que la observan. En Hispanoamérica, en los últimos años, un grupo de escritores entre los

---

[2] Gabriel García Márquez y Mario Vargas Llosa, *La novela en América Latina: Diálogo* (Lima, Carlos Milla Batres Ediciones y Universidad Nacional de Ingeniería, 1967), pág. 19.

que figuran Alejo Carpentier, Miguel Ángel Asturias, Juan Rulfo, Gabriel García Márquez, han apoyado esta posición tan revolucionaria, contraria a la del "realismo" del siglo XIX. A esta nueva visión la hemos llamado "realismo artístico". La realidad representada por un autor que obedece a los preceptos del "realismo artístico" es aquella que los habitantes de un lugar perciben. En otras palabras, el concepto de la realidad resulta esencialmente relativo, ya que no todos visualizamos las cosas en la misma forma. Estos diferentes puntos de vista se deben en parte al medio donde vivimos, a nuestra cultura, a nuestro grado de civilización. Esta divergencia entre lo que cada cual cree real se ve en *Cien años de soledad*. Así tenemos como para Aureliano, en su niñez, al ver por primera vez el hielo, lo cree algo sobrenatural (pág. 23)[3]. No sólo es un niño quien cree portentoso algo que no le es familiar, que le es irreal. Lo mismo vemos cuando Aureliano triste trae, por primera vez, el tren a Macondo (págs. 192-193).

La llegada de la civilización hace que los habitantes de Macondo lleguen a dudar de la realidad que les rodea:

> En cambio, cuando alguien del pueblo tuvo oportunidad de comprobar la cruda realidad del teléfono instalado en la estación del ferrocarril, que a causa de la manivela se

---

[3] Referencias a lo largo de este estudio al texto de la novela *Cien años de soledad* de Gabriel García Márquez de: 10.ª edición (Buenos Aires, Editorial Sudamericana, 1968).

consideraba como una versión rudimentaria del gramófono, hasta los más incrédulos se desconcertaron. Era como si Dios hubiera resuelto poner a prueba toda capacidad de asombro, y mantuviera a los habitantes de Macondo en un permanente vaivén entre el alborozo y el desencanto, la duda y la revelación, hasta el extremo de que ya nadie podía saber a ciencia cierta dónde estaban los límites de la realidad (pág. 195).

Las dudas para con la autenticidad de las cosas no es producto exclusivo de la introducción de nuevos objetos. Dentro del propio Macondo sucesos y personas que fueron reales cobran un carácter mítico. Dos buenos ejemplos lo son la matanza de los trabajadores que nadie cree tuvo lugar excepto José Arcadio Segundo y Aureliano Babilonia [4]; y el nombre Buendía, que en los últimos años de Macondo es olvidado por casi todos (págs. 261 y 344-345) [5].

La existencia de lo auténtico no depende tampoco en su totalidad del medio que rodea al hombre. Todo individuo puede crearse su propia realidad y aferrar-

―――――

[4] Es interesante que el crítico Isaías Lerner al considerar el por qué nadie admite la realidad de la gran matanza de trabajadores que aparece en la novela y que para el lector como para José Arcadio Segundo es real, no se dé cuenta que lo que el autor busca es establecer que toda visión de la realidad es relativa. ["A propósito de *'Cien años de soledad'*", *Cuadernos Americanos*, 28 (1969), 192].

[5] Otro ejemplo de cómo todos se olvidan del coronel Aureliano Buendía lo vemos en la pág. 329.

se a ella. Así tenemos el caso del Coronel Aureliano Buendía, quien en su vejez decide comenzar una nueva guerra olvidándose de sus años. Su amigo, el Coronel Gerineldo Márquez, le expresa lo imposible de su intento:

> —Ay, Aureliano —suspiró— ya sabía que estabas viejo, pero ahora me doy cuenta que estás mucho más viejo de lo que pareces (pág. 210).

Otro ejemplo lo tenemos con Rebeca, quien en la soledad de su casa ha perdido todo contacto con lo que la rodea (pág. 191).

Ahora bien, no se limita García Márquez a presentarnos las contradicciones de la realidad. Él va más lejos. Él llega a otorgarle realidad a cosas y sucesos positivamente fantásticos para el hombre civilizado. Sus propias palabras resultan apropiadas:

> En *Cien años de soledad* yo también buscaba el mundo dentro del cual todo fuera posible: que volaran las alfombras, que subieran al cielo en cuerpo y alma... [6].

Lo fantástico es presentado con naturalidad cotidiana en *Cien años de soledad*. Tal actitud hace que el lector acepte lo inexplicable sin detenerse a considerar su naturaleza. García Márquez mismo nos

---

[6] *La novela en...*, pág. 55.

habla de su naturalidad, su falta de aspavientos, al presentar lo sobrenatural:

> Esa naturalidad creo que me dio a mí la clave de *Cien años de soledad*, donde se cuentan las cosas más extraordinarias con la misma cara de palo con que esta tía dijo que quemaran un huevo de basilisco, que jamás supe lo que era [7].

Para Gabriel García Márquez lo que expone en su obra tiene una explicación realista. Sin embargo, su intención no es explicar sino narrar [8]. Son muchísimos los ejemplos que ilustran lo fantástico en *Cien años de soledad*. Aquí sólo mencionaremos algunos de ellos. Las apariciones de muertos nos son dadas como hechos comunes y corrientes. Así tenemos el caso de Melquiades, quien se dice murió, para más tarde verlo regresar del más allá, volviéndose a morir nuevamente (págs. 22, 49 y 67). Otras apariciones de muertos las tenemos en los diálogos de Úrsula con su difunto esposo, y la visita de Prudencia Aguilar a José Arcadio Buendía (página 73).

Bajo el cariz de predicciones tenemos también manifestaciones de lo fantástico. El Coronel Aureliano Buendía presagia en una carta la muerte de su padre (pág. 113), y la llegada de Rebeca a Macondo (pág. 41); Amaranta anuncia su inmediata muer-

---

[7] *La novela en...*, pág. 16.
[8] *La novela en...*, págs. 21-22.

te (pág. 239); y Pilar Ternera ve la futura muerte de su hijo en las barajas (pág. 135).

Un personaje carente de verosimilitud lo es Remedios la bella. Un comandante del ejército muere de amor por ella (pág. 158), su cuerpo despedía un olor especial, más fuerte que la muerte misma (página 202). Finalmente, este personaje se eleva, se pierde en los cielos, y nunca más se sabe de ella (pág. 205).

Resultan también ejemplos de lo fantástico la alfombra voladora de los gitanos (pág. 34); las levitaciones del cura (pág. 77); las mariposas que acompañan a Mauricio Babilonia (pág. 245); las flores que caen durante el entierro de José Arcadio Buendía (pág. 125); y los grandes conocimientos del autodidacta Aureliano Babilonia (pág. 316). Todos estos ejemplos se caracterizan por su naturaleza algo hiperbólica. Tal tendencia a lo exagerado en lo sobrenatural culmina en tres sucesos. En el primero, se nos cuenta cuánto duró el diluvio de Macondo; en el segundo, tenemos un sueño que es soñado por varias personas; y en el último, vemos la excesiva reproducción de animales como resultado de las relaciones ilícitas existentes entre Petra Cotes y Aureliano Segundo (págs. 267, 45 y 166) [9].

---

[9] Resulta interesante sobre el uso de lo hiperbólico en lo fantástico las ideas de Julio Ortega, *La contemplación y la fiesta. Ensayos sobre la nueva novela Latinoamericana* (Lima, Editorial Universitaria, 1968), pág. 56; y las de Ricardo Gullón, "García Márquez o el olvidado arte de contar", *Asomante*, 25, núm. 3 (1969), 16-17.

La creación de un mundo autónomo

Hasta aquí hemos visto la relatividad de la realidad y su contraste con la fantasía. Ahora bien, para poder expresar este concepto, tuvo necesidad García Márquez de crear el mundo de Macondo independiente del exterior. Geográficamente la posición de este pueblo es bastante vaga [10]. La posición geográfica de Macondo no es dada en *Cien años de soledad*. Este pueblo es parte de un mundo del que se encuentra aislado [11]. Su iniciación, indudablemente, se asemeja a la de las colonias americanas [12]. Sin

---

[10] Véanse a Lerner, 186 y 188; Gullón, 11; Emir Rodríguez Monegal, "Novedad y anacronismo de *Cien años de soledad*", *Revista Nacional de Cultura*, 185 (julio-agosto-septiembre 1968), 20; Jaime Giordano, Reseña de "*Cien años de soledad*", *Revista Iberoamericana*, 34 (enero-abril 1968), 184; y Mario Vargas Llosa, "García Márquez: De Aracataca a Macondo", *Nueve asedios a García Márquez* (Santiago, Editorial Universitaria, S. A., 1969), pág. 144. Este último crítico afirma la existencia simultánea de varios niveles de realidad para con el mundo de Macondo: de lo específico que tiende a identificar a este lugar de Colombia pasa este crítico a lo genérico que le da proporciones universales.

[11] Nótese que a pesar de que creemos que Macondo en sus orígenes se asemeja a una colonia americana, esto no implica que no concordemos con Gabriela Mora Cruz, "Cien años de soledad", *Hispania*, 51 (1968), 916, quien sostiene, muy acertadamente, que Macondo pasa a ser una reproducción en miniatura del mundo.

[12] Recordemos que José Arcadio Buendía funda a Macondo después de haber abandonado su pueblo, debido a las torturantes apariciones de Prudencio Aguilar (pág. 27).

embargo, no creemos que en este período, similar al del descubrimiento de América, se estanca Macondo. Según veremos, hay un desarrollo o expansión en el pueblo de los Buendía, al igual que una declinación que lo llevará a su destrucción.

El elemento temporal

Se caracteriza el tiempo presentado en *Cien años de soledad* por dos cualidades conflictivas: su estructura circular y su constante fluir.

La estructura circular del tiempo. A través de esta novela Úrsula percibe ciertas tendencias circulares en los miembros de su familia. Ella cree ver repeticiones en las personalidades de los miembros de su estirpe, entre las distintas generaciones, con relación a sus nombres (pág. 159). La redondez del tiempo es expresada por ella en forma directa en varias oportunidades:

> El relato, que a tanta gente durante tanto tiempo le pareció fantástico, fue una revelación para José Arcadio Segundo. Remató sus gallos al mejor postor, reclutó hombres y compró herramientas, y se empeñó en la descomunal empresa de romper piedras, excavar canales, despejar escollos y hasta emparejar cataratas. "Ya esto me lo sé de memoria", gritaba Úrsula. "Es como si el tiempo

diera vueltas en redondo y hubiéramos vuelto al principio" (pág. 169) [13].

Dos cosas se desprenden del efecto circular del tiempo: si todo tiende a repetirse en la vida, la vida en una visión panorámica resulta algo estática [14]; para Úrsula la repetición del tiempo adquiere proporciones obsesivas ya que ella teme que se repita nuevamente una tara: el nacimiento de un ser anormal, que ya ocurrió una vez en su familia [15]. Desde los comienzos de la novela sabemos de los temores de Úrsula de engendrar iguanas con su esposo y primo José Arcadio Buendía (pág. 25). Afortunadamente sus hijos son normales. Sin embargo, el temor de engendrar a un monstruo es heredado por Amaranta quien se niega a satisfacer sus propios deseos carnales, y los de su sobrino Aureliano José (pág. 132) [16]. Si bien logra Amaranta evitar la creación de un monstruo, el efecto circular, repetitivo, del tiempo no puede ser vencido. En esta forma, Amaranta Úr-

---

[13] No sólo Úrsula menciona esta redondez; Pilar Ternera también lo hace (pág. 334).

[14] Con referencia a la supuesta boda de Amaranta, Lerner, 197, hace mención al paradójico pasar del sin pasar del tiempo; o sea, que si bien transcurre el tiempo, sólo lo hace para repetirse en forma circular.

[15] Sobre la circularidad del tiempo se expresan, entre otros, los siguientes críticos: Gullón, 8-9, y Rodríguez Monegal, 16-17.

[16] Sobre el incesto en esta novela léase el artículo de Tulia A. de Dross, "El mito y el incesto en *Cien años de soledad*", *ECO. Revista de la cultura de occidente*, 19 (1969), 178-187.

sula sostendrá relaciones ilícitas con su sobrino Aureliano Babilonia, desconociendo la relación existente entre ellos. Fruto de tal unión lo será un niño con cola de cerdo, Aureliano (o Rodrigo), quien encarna los temores de Úrsula, ya que con él finalizarán todas las esperanzas de propagación de la estirpe (págs. 346-347) [17].

La tara de la "cola de cerdo" en los descendientes de su familia ha sido algo obsesionante para Úrsula, personaje que, como veremos en la próxima sección, encarna con sus energías la lucha contra las fuerzas del fluir del tiempo que destruyen a los Buendía y a Macondo. Su obsesión, a través de la tendencia circular del tiempo, cobra vida cuando su línea familiar se degenera y extingue al nacer un ser con cola de cerdo [18].

El constante fluir del tiempo. Este fluir inexorable concierne principalmente al individuo. García Márquez mismo nos cuenta el influjo que una impresión del pasar del tiempo ejerció sobre él cuando con su madre regresó a su pueblo natal, Aracataca, después de varios años de ausencia:

---

[17] Es interesante observar cómo el nombre Amaranta Úrsula no es más que la combinación del de las dos mujeres que confrontan la disyuntiva de engendrar un hijo con cola de puerco.

[18] De la importancia de Úrsula en *Cien años de soledad* nos dice el propio García Márquez: "Allí hay un personaje, que es Úrsula, que vive 170 años, y es como la que sostiene realmente la novela" (*La novela en...*, pág. 12).

...Y estaba absolutamente convencido de que mi madre estaba sufriendo lo mismo que sufría yo de ver como había pasado el tiempo por ese pueblo [19].

Lo angustioso del tiempo que transcurre y sus efectos sobre el individuo lo encarna el personaje de Úrsula en la novela. Su papel es importantísimo en la estructura de *Cien años de soledad*. Analicemos pues dicha estructura en sus relaciones con el conflicto temporal de Úrsula.

Para nosotros el mundo creado por García Márquez se puede dividir en tres períodos: fundación, desarrollo y declinación [20].

El período de la fundación: Corresponde esta clasificación a las exploraciones y establecimiento de Macondo. En este mundo nacen dos de los hijos de José Arcadio Buendía y Úrsula. Todo es primitivo aquí: los gitanos, la carencia de regulaciones, los sistemas de enviar mensajes, etc. Otro aspecto que recalca el primitivismo prevalente lo es los descubrimientos de José Arcadio Buendía. Uno de ellos fue el de calificar a la tierra como redonda (pág. 12).

El período de desarrollo: A él corresponden la llegada de las autoridades gubernamentales y la ci-

---

[19] *La novela en...*, pág. 28.
[20] Julio Ortega, págs. 45-46, sostiene que existen por lo menos cuatro secuencias de mundo y tiempo. Creemos que si fuésemos a distinguir en detalles, serían innumerables las divisiones temporales del mundo creado por García Márquez.

vilización, las guerras del coronel Aureliano Buendía con su subsiguiente influjo de gente, el establecimiento de las bananeras y su abandono ante el gran diluvio. En este período de expansión se perciben ciertas tendencias a la declinación. Esta declinación se verificará en obediencia a las leyes de la vida, a través de los destrozos que el tiempo ocasiona en su avance vertiginoso.

Una fuerza se alza ante el tiempo, revelándose contra su poderío: Úrsula. Desde los comienzos de la novela ella se ha caracterizado por su fuerza vital al resolver todo tipo de problemas. Es ella la que castiga a Rebeca por comer tierra, la que decreta lutos sin muertos para doblegar a sus hijas, la que se enfrenta a Arcadio y sus abusos (págs. 143, 65 y 95-96). Esta fuerza vital, según pasa el tiempo, se ve estragada por el transcurrir de los años (págs. 151-152) [21]. Su lucha con el pasar del tiempo y sus subsiguientes efectos no se limita solamente a algo personal. Ella intuye que su estirpe también está siendo devorada por los años [22]. Pasemos a ver cómo se

---

[21] Gullón, 11, ve la consunción y muerte de Úrsula cual una manifestación más del elemento circular del tiempo. Por su parte Rodríguez Monegal, 17, se refiere a un "tiempo mortal" ignorando la importancia de Úrsula en él.

[22] Es necesario aclarar que Úrsula está consciente de la circularidad del tiempo y de los estragos de este mismo tiempo sobre ella. Para Úrsula lo circular es algo malévolo. Lo mismo, podemos asumir, le parece el fluir del tiempo. Existe también en la novela otro personaje que se niega a aceptar que la vida transcurre en círculos, que todo se repita, y que sólo sea él quien dejará de existir algún día. Este personaje es José Arcadio Buendía. Tal parece que él

verifican los estragos del tiempo sobre Úrsula y cómo ella se resiste a ellos.

Su inutilidad, producto del tiempo, la desespera (pág. 215). Tal desesperación se manifiesta no sólo en errores que hacen más evidente su inutilidad, sino también en una protesta contra Dios por haber creado una vida tan imperfecta (pág. 216). Poco a poco, sin embargo, su entereza se dobleja bajo el peso de los años: "...y Úrsula se dejaba arrastrar por la decrepitud hacia el fondo de las tinieblas..." (pág. 235). A tal punto llega su declinación que pasa a ser un juguete de Amaranta Úrsula y Aureliano Babilonia (pág. 277). A pesar de todo esto, ni aún durante sus peores tiempos, llegaron a sospechar sus familiares que estuviese ciega. Todavía encarnaba ella esa fuerza vital de los Buendía, de Macondo, que se oponía a su destrucción. Lo trágico del caso de Úrsula, es que ella, y sólo ella, sabía su verdadero estado físico, y la decadencia de cuanto la rodeaba (pág. 283). Con sus últimas fuerzas decide Úrsula lanzar una nueva ofensiva contra los efectos del paso del tiempo. Persigue todo aquello que destruye su casa e intenta restaurarlo todo (pág. 284). Úrsula añora el pasado despilfarrador, lleno de vitalidad, de su familia. Todo este pasado de opulencia se oponía a la ruina (págs. 285-286). A los resultados de la actitud rebelde de Úr-

---

piensa que si la vida se va a repetir, o sea, se va a mantener igual, él posee el mismo derecho. Por eso, se aferra a su loca creencia de que todos los días son lunes. En esta forma él también será eterno (pág. 73).

sula llegamos a través de una confesión por parte del autor omnisciente de *Cien años de soledad*. Ella, en sus intentos, fracasa; era demasiado vieja (página 286). Finalmente, le llegó la muerte a Úrsula. El tiempo, es evidente, la ha destrozado físicamente:

> La enterraron en una cajita que era apenas más grande que la canastilla en que fue llevado Aureliano, y muy poca gente asistió al entierro, en parte porque no eran muchos quienes se acordaban de ella, y en parte porque ese mediodía hubo tanto calor que los pájaros desorientados se estrellaban como perdigones contra las paredes y rompían las mallas metálicas de las ventanas para morirse en los dormitorios (pág. 291).

Con su desaparición, los pájaros mueren, comienza la vertiginosa declinación de los Buendía y Macondo. Ya anteriormente todos los temores de Úrsula con relación a la desaparición de su estirpe fueron escuchados cuando ella cree, ante el juego de Amaranta Úrsula y Aureliano, que ha muerto (págs. 290-291); y más tarde, cuando su fantasma deambula por la casa familiar. Oigamos este último ejemplo: "Oyeron a Úrsula peleando con las leyes de la creación para preservar la estirpe" (pág. 346).

El nefasto efecto de la muerte de Úrsula para con los Buendía es inmediato: La casa cayó en total abandono (págs. 293-294). Como hemos visto, con la muerte de Úrsula termina el período del desarrollo y comienza la declinación del mundo creado por García Márquez [23].

El período de declinación: A esta etapa corresponden las muertes simultáneas de José Arcadio y Aureliano Segundo, las de Fernanda del Carpio, Aureliano Amado (hijo mayor del coronel Aureliano Buendía), José Arcadio, Pilar Ternera y Amaranta Úrsula. También en esta época huye de la casa de los Buendía Santa Sofía de la Piedad [24].

---

[23] Los críticos Rafael Pineda, "*Cien años de soledad*", *Revista Nacional de Cultura*, 182 (octubre-noviembre-diciembre 1967), 65-66, y Anna Wegel, "Los personajes de *Cien años de soledad*", Universidad de Massachusetts, 1969, estudio inédito, pág. 15, sustentan, en breves palabras, ideas similares a las expuestas en este trabajo.

Quisiéramos agregar que aunque en nuestro estudio no hayamos considerado a fondo, con detenimiento, la corrupción personal de los Buendía, de Macondo, a través de cada generación, no descartamos la posibilidad de que dicha corrupción sea responsable, en parte, de la decadencia, la destrucción de todo, a finales de la novela. Sin embargo, no creemos que García Márquez haya creado una novela fundamentalmente moralizante. Puede que la corrupción moral haya contribuido en la concepción del autor del final de *Cien años de soledad*, pero tal corrupción no alcanza las proporciones, la importancia, de lo que discutimos en este trabajo.

[24] Obsérvese que en todas estas muertes, algunas de personajes que hace tiempo no se mencionan, y la huida de Santa Sofía de la Piedad, tal parece como si García Márquez estuviese atando cabos. Este proceso de atar cabos se concentra en las últimas cien páginas de la novela. Hay que darse cuenta lo complejo que resulta un árbol genealógico como el de los Buendía. Véase a José Miguel Oviedo, "Macondo: un territorio mágico y americano", *Nueve asedios...,*

Sin embargo, el hecho central de este período lo constituye las relaciones amorosas entre Amaranta Úrsula y Aureliano Babilonia, de las cuales surgirá un hijo: Aureliano (o Rodrigo), que muere poco después de nacer. Este niño tendrá la "cola de cerdo" a que Úrsula temía tanto; será el animal mitológico a que hacen referencia los papeles de Melquiades que Aureliano Babilonia lee. Este nuevo Buendía es el que finaliza la estirpe (pág. 350).

Con anterioridad a las relaciones de Amaranta Úrsula y Aureliano, antes de que ella regresara de Europa, se ve en este período de decadencia un caso que ejemplifica la degeneración de los Buendía. Nos referimos a José Arcadio, quien a través de sus acciones (véanse las págs. 314-315) nos recuerda el ambiente de la sociedad romana descrito en *El Satiricón* de Petronio.

La soledad del hombre

Un tema fundamental en *Cien años de soledad*, como se puede ver en su título, es el de la soledad innata del hombre. Este tema al igual que el de la inexorabilidad del tiempo, constituye uno de los elementos de la vida, presentados en esta novela, donde el concepto de la relatividad de la realidad no opera.

---

pág. 95, quien ofrece un esquema de la casta de los Buendía. Gabriel García Márquez logra que este árbol genealógico sea perfecto. Sólo una vez descubrimos un error, y esto sucede cuando Amaranta Úrsula al referirse al daguerrotipo de Remedios la llama bisabuela (pág. 319).

Sobre la esencia de la soledad, el propio García Márquez nos dice lo que tal fenómeno es para él:

> En realidad no conozco a nadie que en cierta medida no se sienta solo. Este es el significado de la soledad que a mí me interesa... creo que el hombre está completamente solo [25].

Un buen ejemplo de esta soledad lo ofrece la descripción del coronel Aureliano Buendía acabado de nacer (pág. 20). El crítico Julio Ortega sumariza, en forma apropiada, el sentido fundamental de la soledad humana en la novela:

> En la condición humana, parece decir la novela, la conformidad condena a la soledad; a la ausencia de comunión. Una conformidad que reduce la existencia al inagotable suceder cotidiano donde el hombre es siempre objeto de un mundo que lo determina y en que sucumben sin poder asir ese mundo en la conciencia, sin poder vencerlo. La vida es siempre una derrota en este contexto [26].

---

[25] *La novela en...*, pág. 11.
[26] Ortega, pág. 57. También tienen comentarios de interés sobre la soledad: Wegel, pág. 1, Carmen Ana Suárez Galbán, "La estructura mágico-temporal de *Cien años de soledad*", Universidad de Massachusetts, 1969, estudio inédito, pág. 6; y Gullón, 14-16.

La crítica social

Al crear un mundo como el de Macondo, no se evade García Márquez de los problemas sociales o políticos de la América Latina. El toque social contribuye en la creación de este mundo de *Cien años de soledad*[27]. La naturaleza de estos problemas sociales son de índole variada.

Las instituciones gubernamentales de América Latina (o quizá de Colombia en forma más precisa) son atacadas por García Márquez. Al llegar a Macondo el corregidor, don Apolinar Moscote, ordena que las fachadas de las casas sean pintadas de azul para celebrar el aniversario de la independencia nacional. A tal orden abusiva responde José Arcadio Buendía en una forma algo anárquica, pero práctica:

> En este pueblo no mandamos con papeles —dijo sin perder la calma—. Y para que lo sepa de una vez, no necesitamos ningún corregidor porque aquí no hay nada que corregir (pág. 55).

---

[27] En *Cien años de soledad* su propósito esencial no es la crítica social. Sin embargo, García Márquez es un autor comprometido y por ello nos deja ver en varios lugares de esta novela su visión de la sociedad. Sobre la función política del escritor ya se ha expresado García Márquez en *La novela en...*, pág. 43. Ya Rodríguez Monegal ha hablado de la denuncia social en esta obra (20).

Algún tiempo después, este mismo corregidor realiza actos fraudulentos con las urnas para que su partido político, el Conservador, gane (pág. 89).

Otro sector gubernamental que se caracteriza por sus abusos lo es el ejército. Vemos en *Cien años de soledad* cómo los soldados con ropas de civiles se mezclan con las muchedumbres para crear disturbios y así matar a sus enemigos (pág. 75). Los norteamericanos de la bananera son los que, con su explotación, provocan la protesta de los trabajadores. Las condiciones abusivas de la bananera quedan resumidas en la siguiente descripción:

> Los obreros de la compañía estaban hacinados en tambos miserables. Los ingenieros, en vez de construir letrinas, llevaban a los campamentos, por Navidad, un escusado portátil para cada cincuenta personas, y hacían demostraciones públicas de cómo utilizarlos para que duraran más (pág. 255).

Ante la protesta de sus empleados, la bananera se vale de sus abogados para proclamar que su gerente había muerto en los Estados Unidos y que, por tanto, no había podido firmar ningún pliego de peticiones, y que la fuerza laboral que protestaba contra la bananera carecía de existencia ante la ley (páginas 255-256).

La crítica social va más allá del gobierno y de la bananera. García Márquez ve algunos de los defectos que caracterizan a la sociedad americana. La figura de Fernanda del Carpio encarna ambas las falsedades (hipocresía) y la abulia de toda una sociedad. A ella le importa bien poco que la engañe su marido, siempre y cuando se cuide de no morir en la cama de su concubina (pág. 182). Fernanda se niega a que la familia se dedique a labores artesanas; poco dignas, según ella, de la posición de los Buendía. Ella favorece el aislarse del mundo lo más posible (pág. 184). La prostitución es otro aspecto social que nos es presentado en toda su cruel realidad:

> La muchacha se lo agradeció en silencio. Tenía la espalda en carne viva. Tenía el pellejo pegado a las costillas y la respiración alterada por un agotamiento insondable... Desde entonces la abuela la llevaba de pueblo en pueblo, acostándola por veinte centavos, para pagarse el valor de la casa incendiada. Según los cálculos de la muchacha, todavía le faltaban unos diez años de setenta hombres por noche (pág. 52).

También vemos cómo las revoluciones son más bien impulsadas por deseos de controlarlo todo; y no por principios morales, no por los ideales del individuo (págs. 140 y 147).

La presentación temporal de los hechos

La narración en *Cien años de soledad* está hecha por un autor omnisciente. Jorge Campos elabora sobre la relación entre esta novela y una crónica:

Es como una gran crónica en la que el escribiente conoce la gran cantidad de cosas que tiene que contar y los años que le falta por llegar hasta el tiempo en que escribe [28].

La estructura de la novela radica en la historia de la familia escrita por Melquíades, quien concentró un siglo de sucesos de modo que todos coexistieran en un instante; en el tiempo que le toma a alguien leer dicha historia (págs. 349-350) [29].

El lector no encontrará los hechos que constituyen *Cien años de soledad* en un orden cronológico, sino más bien en el orden con que los vería alguien que observa todos los sucesos de un siglo, y procede a relacionarlos con completa libertad, ignorando las limitaciones que el tiempo cronológico impone. En esta obra se mezclan, con el presente, el pasado y el futuro. Tal mezcla no obedece a ningún patrón determinado; resulta más bien producto de las asociaciones de un narrador todopoderoso que no ignora nada [30]. En *Cien años de soledad* tenemos anticipaciones proféticas del futuro, y retornos de un futuro a un pasado nunca narrado (págs. 280 y 9) [31].

---

[28] Jorge Campos, "García Márquez: Fábula y Realidad", *Insula*, 258 (mayo 1968), 11.

[29] Ortega, pág. 54, considera esto brevemente.

[30] Que el narrador sea todopoderoso, omnisciente, no nos cabe duda. Un buen ejemplo lo es cuando, a comienzos de la novela, el autor nos deja ver cómo penetra en los pensamientos de José Arcadio Buendía (pág. 9).

[31] Los críticos Lerner, 188-189, y Mora Cruz, 916, tratan con acierto de la estructura temporal de la novela. A con-

El elemento onírico

Hay un cierto aire onírico en *Cien años de soledad*. Según avanzamos en la novela nos parece como si cayesemos en un precipicio sin fin: todo cuanto nos rodea lo vemos, pero como siempre estamos en movimiento, lo que acabamos de ver, así descendemos, lo olvidamos o más bien no lo podemos precisar. Se pierde en esta novela casi todo el sentido de la individualidad de cuanto nos rodea: a veces volvemos a ver a alguien que antes vimos, quizá algo cambiado, y que nos trae a la mente, con poca precisión, un torbellino de sucesos anteriores. Tales figuras que aparecen con habitualidad lo son los principales Buendía (Amaranta, el coronel Aureliano y Úrsula) y algunos personajes cercanos a ellos, como Pilar Ternera, Santa Sofía de la Piedad, el coronel Gerineldo Márquez, etc. No es sólo el lector quien advierte la irrealidad de los personajes. El coronel Gerineldo Márquez se percata de ello también:

> ...ni siquiera por sus amigos más próximos, el coronel Aureliano Buendía conservaba entonces el tono familiar que permitía identificarlo al otro extremo de la línea. Poco a poco, sin embargo, y a medida que la gue-

---

tinuación enumeramos algunas páginas donde se perciben mezclas temporales: 13, 15, 18, 21, 24, 28, 50, 56, 91, 94, 159, 189-191, 200, 242-243, 258, 262, 266, 267, 299, 302, 308-311 y 343 (éstos no son todos los ejemplos que la novela ofrece).

rra se iba intensificando y extendiendo, su imagen se fue borrando en un universo de irrealidad. Los puntos y rayas de su voz eran cada vez más remotos e inciertos, y se unían y combinaban para formar palabras que paulatinamente fueron perdiendo todo sentido. El coronel Gerineldo Márquez se limitaba entonces a escuchar, abrumado por la impresión de estar en contacto telegráfico con un desconocido de otro mundo (pág. 142) [32].

Macondo, nos es informado, fue construido siguiendo un sueño de José Arcadio Buendía (pág. 28). En la historia de la familia Buendía, que Melquíades escribe se califica a este pueblo como "...la ciudad de los espejos (o los espejismos)" (pág. 351). Todo esto contribuye a nuestra afirmación sobre la existencia de un aire o ambiente onírico que envuelve y caracteriza a *Cien años de soledad*.

El estilo

Cien años de soledad se caracteriza por una prosa límpida. Se perciben en esta novela ciertos elementos poéticos [33]. García Márquez, refiriéndose a una

---

[32] No podemos concordar con Mora-Cruz, 915, quien dice que el lector percibe todo con claridad en esta novela.

[33] Lerner, 198-199, estudia la prosa de *Cien años de soledad*. Al igual Mora-Cruz, 917-918, estudia brevemente sus elementos poéticos.

novela que está escribiendo, menciona cierta relación entre lo que escribe y la poesía [34] (el subrayado es nuestro):

> Yo no podría escribir una historia que no sea basada exclusivamente en experiencias personales. Precisamente estoy preparando la historia de un dictador imaginario... Entonces lo que resulta curioso es que, de alguna manera, esta historia está basada en experiencias personales. *Es decir, son elaboraciones poéticas de experiencias personales mías que me sirven para expresar lo que quiero...* [35].

Son indudablemente poéticos los siguientes dos pasajes. El primero, describe el ambiente de un prostíbulo; y el segundo, la primera unión carnal entre Amaranta Úrsula y Aureliano Babilonia:

> El aire tenía una densidad ingénua, como si lo acabaran de inventar, y las bellas mulatas que esperaban sin esperanza entre pétalos sangrientos y discos pasados de moda, conocían oficios de amor que el hombre había dejado olvidados en el paraíso terrenal (pág. 53).

> Una conmoción descomunal la inmovilizó en su centro de gravedad, la sembró en su

---

[34] No creemos vamos mal encaminados si proyectásemos tal afirmación a la narración de *Cien años de soledad*.
[35] *La novela en...*, págs. 9-10.

sitio, y su voluntad defensiva fue demolida por la ansiedad irresistible de descubrir qué eran los silbos anaranjados y los globos invisibles que la esperaban al otro lado de la muerte (pág. 335).

En innumerables oportunidades el autor se vale de la metáfora y el símil para expresarnos algo. (Véanse las págs. 10, 127 y 348). También prevalece en la novela un aire hiperbólico:

—Entra tú también —le dijo—. Sólo cuesta veinte centavos. Aureliano echó una moneda en la alcancía que la matrona tenía en las piernas y entró en el cuarto sin saber para qué. La mulata adolescente, con sus teticas de perra, estaba desnuda en la cama. Antes de Aureliano, esa noche, sesenta y tres hombres habían pasado por el cuarto. De tanto ser usado, y amasado en sudores y suspiros, el aire de la habitación empezaba a convertirse en lodo (pág. 51).

Lo malo era que la lluvia lo trastornaba todo, y las máquinas más áridas echaban flores por entre los engranajes si no se les aceitaba cada tres días, y se oxidaban los hilos de los brocados y le nacían algas de azafrán a la ropa mojada. La atmósfera era tan húmeda que los peces hubieran podido entrar por la puerta y salir por las ventanas, navegando en el aire de los aposentos (página 268).

Otras dos corrientes explotadas por García Márquez en *Cien años de soledad* lo son la de lo cómico y la de lo grotesco, horroroso (véanse las págs. 270 y 185-186) [36]. Tampoco son pocos los pasajes de gran acierto estilístico en *Cien años de soledad*. Las muertes de Arcadio y el coronel Aureliano Buendía están muy bien logradas. El autor no tiene que salirnos al paso e informarnos que han muerto (págs. 108 y 229).

Síntesis de la novela

Hasta aquí hemos considerado las características de *Cien años de soledad*. Se ha visto cómo para el autor toda realidad resulta relativa, dependiendo de la concepción que cada individuo tiene de ella. Esta realidad tiene por escenario a Macondo, creación autónoma de Gabriel García Márquez. Esta creación, este mundo independiente y dependiente a la vez, se caracteriza por tres períodos temporales, los cuales unen la narración al elemento temporal de la novela. El tiempo es en Macondo circular y por tanto, en una visión panorámica, estático. Sin embargo, para el individuo, en su existencia, este tiempo es algo que fluye, que corre.

En Úrsula, según se ha comprobado, tenemos al ser que lucha y pierde contra el transcurrir del tiem-

---

[36] Otros ejemplos de lo grotesco los vemos en las págs. 69, 80 y 349; y de lo cómico en las págs. 179 y 276 (no estamos ofreciendo una lista completa de estos fenómenos en la novela, sino, más bien, algunos ejemplos).

po. Su derrota representa el inicio del tercer período de Macondo, de su declinación, de la extinción de la familia Buendía. Este triunfo del tiempo en movimiento nos deja ver que si bien el concepto de la realidad es uno esencialmente relativo, el pasar de los años, del tiempo en general, es algo auténtico y de indiscutible realidad.

En *Cien años de soledad* no es sólo el tiempo, en su fluir, auténtico. La soledad del hombre es algo trágicamente real. Esta soledad la vemos encarnada en los Buendía principalmente.

Entre los otros aspectos considerados de esta novela de García Márquez figura la crítica social, que nos muestra a un autor comprometido. De aspecto más bien técnico son los breves análisis de la presentación temporal de los hechos; el elemento onírico; y el estilo límpido, y a veces poético, de nuestro novelista.

No cabe duda que en *Cien años de soledad* ha escrito Gabriel García Márquez no sólo su mejor obra, sino también una cuya maestría le garantiza un lugar de importancia en la novelística hispanoamericana [37].

Luis González del Valle

---

[37] No toda la crítica concuerda con nuestra visión positiva de *Cien años de soledad*. Por ejemplo, Gerald Guinness, "On García Márquez", *Caribbean Review*, 2 (Summer, 1970), 16, siguiendo una posición muy tradicional, llama, entre otras cosas, a esta novela "*Cien años de Locura*".

LO FANTÁSTICO EN UN NUEVO CUENTO DE GARCÍA MÁRQUEZ

Recientemente ha aparecido el cuento "Un señor muy viejo con unas alas enormes" de Gabriel García Márquez [1]. Aquí se observan grandes semejanzas con la forma en que García Márquez usó lo fantástico en varios de los cuentos de "Los funerales de la Mamá Grande" y en su novela *Cien años de soledad*.

En "Un señor muy viejo con unas alas enormes" creemos podemos hacer un estudio bastante preciso de los matices que lo fantástico adquiere en las obras de García Márquez [2].

Lo fantástico es presentado, a través de varios recursos, con naturalidad en "Un señor muy viejo con unas alas enormes". Tal presentación hace que el lector acepte lo inexplicable sin detenerse a con-

---

[1] *Cuadernos Hispanoamericanos*, 245 (mayo de 1970), 273-278. Todas nuestras referencias provienen de allí.

[2] La brevedad de este cuento nos ofrece una condensación más asequible a los métodos de García Márquez.

siderar su naturaleza. García Márquez mismo ha hablado de su naturalidad, su falta de aspavientos, al presentar lo sobrenatural en otra obra suya, *Cien años de soledad* [3].

A continuación procederemos a discutir los recursos de que se vale García Márquez en este reciente cuento suyo para obtener un efecto de realidad en un suceso esencialmente fantástico cual la aparición de un ser con alas, como el ángel viejo.

A través de "Un señor muy viejo con unas alas enormes" se presentan hechos bajo un cariz de totalidad global. Estos hechos son en realidad exageraciones que el autor hace de un suceso determinado para que en la mente del lector dicho suceso cobre autenticidad. A principios del cuento se dice con relación a la lluvia que cae "El mundo estaba triste desde el martes" (pág. 273); más tarde, cuando se menciona al ángel caído se describe el efecto que su figura da en el lodo como: "Sus alas de gallinazo grande, sucias y medio desplumadas, estaban encalladas para siempre en el lodazal" (pág. 273). En estos dos ejemplos vemos dos cosas: todo el "mundo", y no sólo un segmento de él, está bajo la lluvia; y a un ser extraño cuyas alas estarán no por un rato, sino para "siempre" encalladas en el lodazal. Las palabras "mundo" y "siempre" constituyen dos exageraciones deliberadas de García Márquez quien trata de otorgar realidad a condiciones específicas

---

[3] Gabriel García Márquez y Mario Vargas Llosa, *La novela en América Latina: diálogo* (Lima, Carlos Milla Batres Ediciones y Universidad Nacional de Ingeniería, 1967), pág. 16.

a través de una presentación extrema de estas mismas condiciones [4]. El autor aquí está tratando de darle autenticidad a dos hechos menores valiéndose de exageraciones que crean una atmósfera apropiada para la aceptación, por parte del lector, de un ser fantástico como el ángel.

Otro método que utiliza García Márquez para hacernos plausible la existencia del ángel es el de asociar la figura de este ser imaginario a sucesos reales. En ocasiones estas asociaciones se manifiestan en pequeños detalles como cuando se ve al ángel entre "las gallinas absortas" (pág. 274) y cuando Elisenda lo ve partir así corta cebollas (pág. 273). En ambos ejemplos, el que las gallinas estén absortas y el que alguien corte cebollas son sucesos reales los que ocurren, lo irreal es la asimilación del ángel a estos acontecimientos.

En este cuento se verifica un sentido de continuidad normal en las vidas de Pelayo y Elisenda que no se ven perturbadas por la increíble aparición del ángel. Este sentido de continuidad se manifiesta, par-

---

[4] Otros buenos ejemplos los tenemos cuando se dice que todo el vecindario vino a ver al ángel viejo (pág. 274); cuando Elisenda tiene "el espinazo torcido" de barrer tanta basura dejada por aquellos que vienen a ver al ángel (pág. 275); y en el hecho de que Pelayo y Elisenda habían acumulado tanto dinero con la exhibición del ángel que en menos de una semana "atiborraron de plata los dormitorios y todavía la fila de peregrinos que esperaban turno para entrar llegaba hasta el otro lado del horizonte" (pág. 275). En este último ejemplo se dice, implícitamente, que la fila de gentes era tan larga que llegaba al otro lado del horizonte, al más allá de algo impreciso.

cialmente, a través de los muchos cangrejos que al principio del cuento plagan la casa de Pelayo y Elisenda (pág. 273). Estos cangrejos siguen apareciendo aun cuando la lluvia termina, tiempo después de la llegada del ángel (pág. 274). La última mención a los cangrejos aparece en la descripción de la mansión que construyó este matrimonio con los fondos que le proporcionó la exhibición del ángel (pág. 277). En este ejemplo, el hecho de que una casa sea construida con unos fondos dados, y que en ella existan sardineles muy altos para evitar la entrada de cangrejos en el invierno, no constituye nada fantástico. Lo fantástico aquí es la procedencia del dinero, y el hecho de que las ventanas tengan barras para evitar la entrada de ángeles. García Márquez mezcla en este pasaje lo real y lo fantástico: los cangrejos reales que siempre habían molestado a Pelayo y Elisenda con entes ficticios cual ángeles [5].

Por otro lado, lo inverosímil cobra realidad en "Un señor muy viejo con unas alas enormes" por medio de contraposiciones hechas entre el ángel y otros sucesos a su vez fabulosos. Dos ejemplos queremos dar sobre situaciones irreales como las del ángel.

En el primer ejemplo se habla de "una tarántula espantosa, del tamaño de un carnero y con la cabeza de una doncella triste" (pág. 276), que ha logrado robar el interés que la gente sentía por el ángel.

---

[5] Debemos fijarnos que ya en este pasaje no se habla de un solo ángel sino de "ángeles". Por tanto, la existencia de este tipo de seres queda sobrentendida, establecida, aquí.

Esta joven cuenta cómo después de haber desobedecido a sus padres fue castigada siendo convertida en araña. También se nos dice que su cara está triste. La sencillez de su historia le da un tono plausible a cuanto dice; mientras que la expresión de su rostro la humaniza, le da realidad. El segundo ejemplo lo son los milagros que se le atribuyen al ángel (página 277). Estos milagros son esencialmente absurdos. Lo que hace García Márquez al mezclar la irrealidad del ángel con otros hechos increíbles es crear una atmósfera en la cual el ángel no resulte una excepción, sino un ejemplo más de una realidad que, si bien para nosotros es fantástica, convive con lo que normalmente se considera real, auténtico, en el lugar donde el cuento ocurre [6].

---

[6] Algo relacionado a esto es la actitud del cura, y por consiguiente (posiblemente) de la Iglesia, para con el ángel. El padre Gonzaga, un hombre rústico (se nos dice que fue un leñador), en su investigación del ángel sólo se preocupa de que su figura es muy humana y de que no habla latín (pág. 274). Estas preocupaciones del padre lo llevan a establecer la posibilidad, sin saberlo a ciencias ciertas, de que este ángel sea una creación del demonio (pág. 275). Para el padre, la decisión final sólo podrá venir del Sumo Pontífice a través de su obispo. Ahora bien, en otro lugar del cuento se habla de lo que en Roma se hacía sobre el ángel; todos allí especulan sobre su naturaleza, y nadie lo viene a ver:

> Pero el correo de Roma había perdido la noción de urgencia. El tiempo se les iba en averiguar si el convicto tenía ombligo, si su dialecto tenía algo que ver con el arameo, si podía caber muchas veces en la punta de un alfiler, o si no sería simplemente un noruego con alas. Aquellas cartas de

Si bien el ángel es una atracción para los personajes del cuento, esta atracción se deriva de pequeños detalles más que de su existencia misma. En parte se debe esta aceptación del ángel a la actitud que a veces el autor demuestra para con él:

> Entonces se atrevieron a hablarle, y él les contestó en un dialecto incomprensible pero con una buena voz de navegante. Fue así como pasaron por alto el inconveniente de las alas, y concluyeron con muy buen juicio que era un náufrago solitario de alguna nave extranjera abatida por el temporal (pág. 273).

El que dice en este pasaje "con muy buen juicio" es el autor, que todo lo ve y juzga. En esta frase el autor indica su posición: todo lo extraño, poco común, en este ángel puede ser ignorado; lo cual, a su vez, hace del ser imaginario que el ángel es, una criatura plausiblemente fidedigna.

> parsimonia habrían ido y venido hasta el fin de los siglos (pág. 276).

Lo que en este pasaje García Márquez nos da es de una doble naturaleza: es una ridiculización de la Iglesia que trata de determinar la realidad de algo sin molestarse en observarlo, basando sus conclusiones en conceptos preconcebidos; y a la vez nos deja ver cómo todos se preocupan de pequeños detalles (cual un ombligo) sin dejar de ver extrañeza por la existencia de un ser como este ángel (o sea, la existencia del ángel es tomada como algo muy posible, como algo normal).

A tal punto llega a cobrar realidad el ángel viejo, que cuando el niño de Elisenda y Pelayo cae con varicela lo mismo le pasa al ángel; y cuando el médico viene a ver al niño y decide también ver al ángel, considera sus alas como algo tan natural que lo extraño era que los hombres no las tuviesen:

> El médico que atendió al niño no resistió a la tentación de auscultar al ángel, y le encontró tantos soplos en el corazón y tantos ruidos en los riñones, que no le pareció posible que estuviera vivo. Lo que más le asombró, sin embargo, fue la lógica de sus alas. Resultaban tan naturales en aquel organismo completamente humano, que no podía entenderse por qué no las tenían también los otros hombres (pág. 277).

En este pasaje ha alcanzado el ángel, en sus características, más realidad que los mismos hombres.

La ida del ángel a finales del cuento resulta muy significativa. Elisenda, desde una ventana, lo ve salir volando. Lo que a ella no le preocupa es que él vuele (ante esto ella no se siente extrañada). Verlo volar la hace exhalar "un suspiro de descanso, por ella y por él..." (pág. 278), ya que ella no tendrá nada más que ver con el ángel, y él será libre de hacer lo que desee. Y concluye este cuento diciendo:

> Siguió viéndolo hasta cuando acabó de cortar la cebolla, y siguió viéndolo hasta cuando ya no era posible que lo pudiera ver,

porque entonces ya no era un estorbo en su vida, sino un punto imaginario en el horizonte del mar (pág. 278).

Aquí se afirma que Elisenda puede ver al ángel aun cuando esto es algo imposible; o sea, se afirma la posibilidad de lo imposible [7]. También se nos dice aquí que ella lo puede ver porque ya el ángel no era un estorbo en la vida de ella (porque ya no era un problema para Elisenda), debido a que este ángel se había convertido en un punto imaginario en el horizonte; y este punto afirma que con la imaginación todo es posible, todo es perceptible [8].

---

[7] Resulta oportuno recordar aquellas palabras de García Márquez donde él expresó la posibilidad de que todo ocurra en *Cien años de soledad*. Véase *La novela...: diálogo*, pág. 19. En el cuento que estudiamos García Márquez está afirmando la posibilidad de lo imposible también (si bien aquí lo fantástico tiene una justificación al ser éste un cuento para niños, y no tanto una visión que de la realidad tiene nuestro novelista). Ahora nos cabe preguntarnos, ¿ocurre este cuento en América Latina? Hay indicios que si bien no demuestran esto, indican que la acción ocurre en el hemisferio sur (véase cuando se nos dice que el ángel "no sólo sobrevivió a su peor invierno, sino que pareció mejor con los primeros soles... y a principios de diciembre empezaron a nacerle en las alas unas plumas..." (pág. 278). Implícitamente queda aquí diciembre como la primavera, cuando nace nuevamente la vida en la naturaleza, siendo esto algo que sucede así en la América del Sur). Sin embargo, la localización de cuanto sucede en este cuento carece de mayor importancia.

[8] No debemos olvidar que el subtítulo de este cuento es "Cuento para niños". La importancia de este subtítulo radica en el hecho de que al escribir esta narración fantástica,

Concluimos diciendo que "Un señor muy viejo con unas alas enormes" es un cuento donde Gabriel García Márquez ejercita sus habilidades en el dominio de lo fantástico. En esta narración logra magistralmente García Márquez, cual lo ha hecho antes en otras de sus obras, romper la línea que limita a lo verdadero; otorgándole, en el contexto de este cuento, una existencia admisible a unos hechos que normalmente serían considerados inverosímiles [9].

Luis González del Valle

---

el autor no es más fantástico aquí que los cuentos de hadas a que los niños se ven expuestos. En los cuentos de hadas, al igual que en "Un señor muy viejo con unas alas enormes", lo esencial es la imaginación.

[9] El hecho de que lo fantástico sea lo central en este cuento no excluye que haya otros puntos que temáticamente el autor desarrolló aquí. Por ejemplo, el autor se burla ligeramente de los métodos de la Iglesia; y lo que es aún más importante, da un cierto simbolismo al ángel caído. El ángel viejo, a pesar de ser considerado por muchos un ángel ("ni siquiera la vecina sabia había podido decirles qué se hacía con los ángeles muertos", pág. 278) se ve maltratado por todos. Ello se debe a que si bien se le considera algo real, también es visto por la gente como un ente extraño, distinto a ellos. Todo esto nos lleva a afirmar que posiblemente el ángel sea un símbolo de todo aquello que por ser distinto se ve abusado, maltratado, por cualquier sociedad del mundo (que el ángel sea un ser incomprendido por todos queda patente cuando "le abrasaron el costado con un hierro de marcar novillos", pág. 276, y la gente no sabía en verdad si su reacción algo violenta se debía a rabia o a dolor).

ASPECTOS TEMÁTICOS Y ESTRUCTURALES DE "UN SEÑOR MUY VIEJO CON UNAS ALAS ENORMES"

Muchas veces confiar en lo que dice un escritor sobre su obra es ingenuidad peligrosa, tanto porque el autor no tiene conciencia de todo lo que su obra encierra y por tanto el alcance de su visión crítica es limitado, como porque si algo dice de su obra, muchas veces no es el efecto de una reflexión analítico-crítica, sino de una apresurada e inmediata respuesta a la insistencia del crítico que, cándidamente, cree hacer mucho por la comprensión de una obra al conseguir entrevistas con el autor. Estas entrevistas están muy de moda en la literatura hispanoamericana que casi se puede hablar también de un "boom". A pesar de todos estos peligros es preciso referirse aquí a una entrevista excepcional que hizo Armando Durán a García Márquez, en la cual presenta éste una definición sofisticada de su arte.

Mi conclusión es que ningún crítico podrá trasmitir a sus lectores una visión real de *Cien años de soledad* mientras no renuncie a su caparazón de pontífice y parta de la base más que evidente de que esa novela carece por completo de seriedad. Esto lo hice a conciencia, aburrido de tantos relatos pedantes, de tantos cuentos providenciales, de tantas novelas que no tratan de contar una historia sino de tumbar al gobierno; cansado, en fin, de que los escritores fuéramos tan serios e importantes. Esa misma seriedad doctoral nos ha obligado a eludir la sensiblería, el melodramatismo, lo cursi, la mistificación moral y otras tantas cosas que son verdad en nuestra vida y no se atreven a serlo en nuestra literatura. Fíjate que después de tantos años de esa literatura empedrada de buenas intenciones, no hemos logrado tumbar con ella a ningún gobierno y, en cambio, hemos invadido las librerías de novelas ilegibles y hemos caído en algo que ningún escritor ni ningún político se pueden perdonar: hemos perdido nuestro público. Ahora, con una noción menos arrogante del oficio, empezamos a recuperarlo [1].

---

[1] Armando Durán, "Conversaciones con Gabriel García Márquez", *Revista Nacional de Cultura,* año XXIX, núm. 185 (1968), pág. 28. Esta misma entrevista apareció parcialmente en *Hispania,* vol. 54, núm. 2 (1971), 387-390.

Estas ideas aparecen aplicadas en la síntesis artística que constituye el cuento, "Un señor muy viejo con unas alas enormes", cuyo tema y forma se analizan en este estudio [2].

García Márquez define, perspicazmente, su corta historia "cuento para niños" [3]. Si es el cuento en verdad para niños, es natural que en él no se habría propuesto su autor elaborar una complicada estructura temática —como lo ha hecho en muchas de sus obras anteriores— sino, por el contrario, manipular un contenido especial para divertir. El propósito es entonces divertir, como divierte un cuento de niños, y no "tumbar al gobierno" como ha dicho acertadamente el mismo García Márquez al hablar, al principio, de *Cien años de soledad* como obra que "carece por completo de seriedad", de solemnidad y arrogancia. Si ésta es la intención del autor (que recuerda de alguna manera la concepción artística de Borges) ha logrado aquél con tal peculiar experimento asignar clara y definitivamente una nueva dimensión significativa a su arte: la del arte concebido como un juego. Este nuevo matiz artístico de la obra de García Márquez se relaciona perfectamente con una de las características del arte moderno es-

---

[2] Gabriel García Márquez, "Un señor muy viejo con unas alas enormes" (cuento para niños), *Cuadernos Hispanoamericanos*, núm. 245 (1970), 273-278.

[3] La primera edición de este cuento no apareció con este subtítulo. Éste aparece en la segunda edición que por tanto es más artificiosa y artísticamente superior que la primera por los puntos que siguen.

tablecida por Ortega y Gasset y conocida como la "intrascendencia del arte"[4].

Si se dice que el equívoco subtítulo, "cuento para niños", es el medio del que se vale su autor para "tomar el pelo al lector" —es decir, si el cuento no es sólo para niños— se presenta la necesidad de definir el tema o temas de la obra.

El autor presenta como tema de este cuento su nueva y compleja concepción artística y filosófica de la realidad. Según aquélla, ésta es la suma total de lo fantástico y lo convencionalmente tenido como real. Es decir, esta realidad subjetiva es la amalgama de lo lógico e ilógico de la existencia humana. Se ha dicho esto de la existencia humana, para dejar clara la idea de que García Márquez, en este cuento, da un paso más adelante y se sale definitivamente del contexto latinoamericano para presentar su nueva visión personal de la realidad del hombre en general, y no del latinoamericano en particular [5].

---

[4] José Ortega y Gasset, *La deshumanización del arte e ideas sobre la novela* (1925), en *Obras Completas*, tomo III, cuarta edición (Madrid, *Revista de Occidente*, 1957), págs. 383-385.

[5] Si bien ya había sido experimentado este concepto innovador de realidad fantástica en algunas obras anteriores de su autor —como en "Los funerales de la Mamá Grande" y, particularmente en *Cien años de soledad*— llega en este cuento a su máxima intensidad posible y a ser considerado tema en sí. Si este cuento llega, como se ha dicho, al máximo grado de intensidad en la manipulación de lo fantástico, no es un cuento para el lector —aunque moderno— de concepción decimonónica. Aquí no hay casi nada que esté dentro del marco llamado natural y lógico, por tanto, no hay nada

La segunda interpretación temática sugerida no contradice la primera, la del cuento para niños que se encauza a divertir. Ambos propósitos están logrados. Dentro de una rica ambigüedad temática, se ha logrado conciliar perfectamente la concepción del arte como un juego y la de la realidad como un concepto relativo.

Hechas estas observaciones parece claro que, en cuanto a las ideas, tanto sobre la realidad como sobre el arte mismo, y la intensidad de su efecto proveniente de la artística experimentación de aquéllas, este cuento es tal vez superior en su efecto a *Cien años de soledad*.

Dentro de este contexto interpretativo, logra asimilar García Márquez el espíritu de insurrección y rebeldía de la sociedad moderna. Tal espíritu de radical inconformidad con lo establecido, con lo mitificado, se lo expresa en la negación de la realidad como valor absoluto y en la audacia de sustituirla por otra más compleja y significativa: la de su propia creación.

Aunque pertenezca el estudio del estilo a la parte técnica es necesario desarrollarlo aquí, por su especial relación con el elemento temático comentado. Todo escritor adopta una forma específica para tratar el tema. Ésta puede ser, por ejemplo, unas veces

---

que coincida con su vieja concepción realista. Para Gerald Guinness, quien cree que *Cien años de soledad* es un fracaso por las muchas cosas extraordinarias e insólitas que se narran, seguramente sería este cuento un fracaso más. Las ideas de Gerald Guinness sobre *Cien años de soledad* aparecen en *Caribbean Review*, vol. 2, núm. 2 (1970), 16.

solemne y otras irónica. La adoptada aquí por García Márquez es la segunda: la irónica. Esta ironía es esencialmente fina y no desgarrada. Ésta se expresa no a través de un estilo artificioso en el cual, por la maliciosa manipulación lingüística, la ironía del autor es evidente, sino, al contrario, por medio de un estilo sencillo, sobrio y natural en el que las palabras fluyen espontánea y diáfanamente. Este estilo tiene el poder de convencer de lo dicho al lector. Esta peculiaridad estilística parece ser una de las metas a las que se lanza García Márquez en todas sus obras, sobre todo en las que prima lo fantástico. En la introducción de *Relato de un náufrago* dice hablando de las conversaciones con Luis Alejandro Velasco: "Era tan minucioso y apasionante, que mi único problema literario sería conseguir que el lector lo creyera" [6]. Pero antes ya había dicho que "a un escritor le está permitido todo, siempre que sea capaz de hacerlo creer" [7]. Pero García Márquez no sólo quiere convencer al lector, sino también divertirlo y encantarlo. En ambos sentidos (convencer y encantar con un estilo natural) es indiscutible que García Márquez es uno de los escritores más efectivos de la literatura hispanoamericana.

---

[6] Gabriel García Márquez, *Relato de un náufrago que estuvo diez días a la deriva en una balsa sin comer ni beber, que fue proclamado héroe de la patria, besado por las reinas de la belleza y hecho rico por la publicidad, y luego aborrecido por el gobierno y olvidado para siempre*, tercera edición (Barcelona, Tesquets Editor, Cuadernos Marginales, 8, 1970), pág. 8.

[7] "Conversaciones con Gabriel García Márquez", pág. 26.

Este corto cuento, narrado en tercera persona por un autor omnisciente e irónico, está constituido por una serie de episodios que presentan el misterio del "señor muy viejo" y la consiguiente reacción varia de la gente que lo ve. Se dice que ellos sólo "presentan", porque, efectivamente, no se resuelve tal misterio. Éste es, acertadamente, misterioso desde el principio hasta el final. Los varios episodios están unificados, entre otros elementos, por la unidad misteriosa permanente del "señor muy viejo" y por el propósito último del autor: la creación de un mundo especial ultra-fantástico del cual, estando herméticamente cerrado, no pueden escaparse, es decir, no pueden dejarlo de aceptar ni los que lo viven, ni el lector y ni el mismo narrador omnisciente.

Los varios episodios del cuento están dispuestos de tal manera que crean una evidente progresión intensiva de lo fantástico. Es decir, hay en la historia un particular desarrollo de lo que se podría llamar fantástico a lo ultrafantástico. Tomando en consideración lo que es el "señor muy viejo" para la gente con quien vive, se podrá apreciar tal progresión.

Al principio aquel señor es un "hombre viejo, muy viejo", un "bisabuelo ensopado", un "náufrago solitario" (pág. 273). Estos son los calificativos —aun reales— que el autor y los dueños de casa le asignan a tal señor. A medida que la acción avanza, surgen nuevas interpretaciones en torno al mismo. Para una vecina del pueblo aquél es un ángel (pág. 274). Para el médico también es un ángel, pero un ángelhombre con corazón y riñones técnicamente comprobados. Encuentra luego el médico en aquél la lógica perfecta de sus alas. De acuerdo a esta apreciación pseudocientífica el ser fantástico es el hombre por no tenerlas, y auténticamente real el "señor muy viejo" por tenerlas (pág. 277). Por fin se llega a la última parte del cuento y aquel señor, más lógico que el hombre, se convierte a los ojos de aquél en un mero "punto imaginario en el horizonte del mar" (pág. 278). Con este misterio final se cierra el gran misterio total de la historia.

A tal progresiva intensificación fantástica corresponde una progresiva indefinición temporal. Se sabe al principio que empieza la acción en marzo, más o menos al mediodía; continúa en la madrugada del siguiente día; y, luego, hay indicios de un invierno. Al final se pierde la noción total del tiempo.

Esta indefinición más la concisión del cuento intensifican el efecto de lo fantástico y a la vez se perfecciona la construcción del misterioso mundo inventado por García Márquez.

Vicente Cabrera

BIBLIOGRAFÍA

En la siguiente bibliografía incluimos fichas sobre la nueva ficción hispanoamericana y algunos estudios que pueden contribuir a su mejor comprensión. También ofrecemos una bibliografía de Miguel Ángel Asturias y Gabriel García Márquez en lo que concierne a las obras estudiadas en este libro, entrevistas hechas a ellos y fuentes críticas de tipo general sobre sus obras, que permiten un conocimiento más completo de estos dos escritores.

La nueva ficción

Aguilera-Malta, Demetrio. "Charla con Seymour Menton: el cuento hispanoamericano". *Mundo Nuevo*, 56 (febrero 1971), 49-52.
—. "Diálogo con Fernando Alegría: novelas, novelistas y críticos". *Mundo Nuevo*, 56 (febrero 1971), 45-48.
Alegría, Fernando. "Alejo Carpentier: Realismo Mágico". *Humanitas*, 1 (1960), 345-372.
—. *Historia de la novela hispanoamericana.* 3.ª edición. México, Ediciones de Andrea, 1966.
Asturias, Miguel Ángel. "Originalita e caratteristiche del romanze latino-americano". *Terzo Programa*, 4 (1964), 51-74.
Borges, Jorge Luis. Entrevista hecha por the "Today" show de NBC Television el 23 de marzo de 1971.

Burgos Ojeda, Roberto. "La magia como elemento fundamental en la nueva narrativa latinoamericana". *El ensayo y la crítica literaria en Iberoamérica.* Memoria del XIV Congreso Internacional de Literatura Iberoamericana. Toronto, Universidad de Toronto, 1970, págs. 203-208.

Carpentier, Alejo. "De lo real maravillosamente americano". *Tientos y Diferencias.* México, Universidad Nacional Autónoma de México, 1964.

—. "Problemática de la actual novela latinoamericana". *Tientos y Diferencias.* México, Universidad Nacional Autónoma de México, 1964.

Carter, E. Dale, editor. *Ocho cuentos hispanoamericanos. Antología del realismo mágico.* New York, The Odyssey Press, 1970.

Coloquio sobre la novela hispanoamericana. México, Tezontle, 1967.

Coulthard, G. R. "El mito indígena en la literatura hispanoamericana contemporánea". *Cuadernos Americanos,* 27 (enero-febrero 1968), 164-178.

Earle, Peter G. "Camino oscuro: la novela hispanoamericana contemporánea". *Cuadernos Americanos,* 152 (1967), 204-222.

Flores, Ángel. "Magical Realism in Spanish American Fiction". *Hispania,* 38 (mayo 1955), 187-201.

Fuentes, Carlos. *La nueva novela hispanoamericana.* México, Cuadernos de Joaquín Mortíz, 1969.

—. "La nueva novela latinoamericana. Señores no se engañen: los viejos han muerto. Viven Vargas Llosa, Cortázar, Carpentier". *Siempre,* 128 (28 de julio de 1964), I-VII y XIV-XVI.

González del Valle, Luis y Antolín González del Valle. Reseña a la *Antología del realismo mágico,* editada por E. Dale Carter. *Círculo,* 2 (Fall 1970), 191-192.

Harss, Luis. *Los Nuestros.* Buenos Aires, Editorial Sudamericana, 1966.

Iglesias, Ignacio. "Novelas y novelistas de hoy". *Mundo Nuevo,* 28 (octubre 1968), 84-88.

Ladrón de Guevara, Moisés. "En torno a la nueva novela latinoamericana". *Mundo Nuevo*, 34 (abril 1969), 86-87.

Lafforgue, Jorge, editor. *Nueva novela latinoamericana*. Buenos Aires, Editorial Paidós, 1969.

Leal, Luis. "El realismo mágico en la literatura hispanoamericana". *Cuadernos Americanos*, 153 (julio-agosto 1967), 230-235.

—. *Historia del cuento hispanoamericano*. México, Ediciones de Andrea, 1966.

Loveluck, Juan, editor. *La novela hispanoamericana*. 3.ª edición. Santiago, Editorial Universitaria, S. A., 1969.

Ortega, Julio. *La contemplación y la fiesta. Ensayos sobre la nueva novela latinoamericana*. Lima, Editorial Universitaria, 1968.

Pagés Larraya, Antonio. "Tradición y renovación en la novela hispanoamericana". *Mundo Nuevo*, 34 (abril 1969), 76-82.

Portuondo, José Antonio. *El heroísmo intelectual*. México, Tezontle, 1955.

Rincón, Carlos. "En los comienzos de la nueva novelística hispanoamericana". *ECO. Revista de la cultura de occidente*, 15, núm. 6 (1967), 558-565.

Rodríguez Monegal, Emir. "Los nuevos novelistas". *La novela iberoamericana contemporánea*. XIII Congreso Internacional de Literatura Iberoamericana. Caracas, Universidad Central de Venezuela y Organización de Bienestar Estudiantil, 1968, págs. 33-41.

—. "The New Latin American Novel". *Books Abroad*, 44 (Winter 1970), 45-50.

Sánchez, Luis Alberto. *Proceso y contenido de la novela hispano-americana*. 2.ª edición. Madrid, Editorial Gredos, 1968.

Sommers, Joseph. *After the Storm*. Albuquerque, University of New Mexico Press, 1968.

Souza, Raymond D. "Language Vs. Structure in the Contemporary Spanish American Novel". *Hispania*, 52 (diciembre 1969), 833-839.

Trobo, Claudio. "Conversación con Emir Rodríguez Monegal". *Zona Franca*, núm. 48, 10-11.

Undurraga, Antonio. "Crisis en la novela latinoamericana". *Cuadernos del congreso por la libertad de la cultura*, 80 (1964), 62-65.
Valbuena Briones, Ángel. "Una cala en el realismo mágico". *Cuadernos Americanos*, 164 (septiembre-octubre 1969), 233-241.
Vargas Llosa, Mario. "The New Latin American Novel Today. Introduction". *Books Abroad*, 44 (Winter 1970), 7-16.
Yankas, Lautaro. "Valores de la narrativa hispanoamericana actual". *Cuadernos Hispanoamericanos*, 236 (1969), 334-379.

MIGUEL ÁNGEL ASTURIAS

Acoca, Miguel. "Un maya en París habla de su obra". *Life*, 30, núm. 12 (4 de diciembre de 1967), 65-66.
Andrea, Pedro F. de. "Miguel Ángel Asturias. Anticipo bibliográfico". *Revista Iberoamericana*, 67 (enero-abril 1969), 135-267.
Aubrun, Charles V. "Apercu sur la structure et la signification de *Mulata de Tal*". *Europe*, 473 (1968), 15-20.
Bellini, Giuseppe. *La narrativa de Miguel Ángel Asturias*. Traducción de Ignacio Soriano. Buenos Aires, Editorial Losada, S. A., 1969.
Callan, Richard J. Reseña de *Mulata de Tal*. *Hispania*, 48 (1965), 949.
Campos, Jorge. "Miguel Ángel Asturias. Charlas en *Ínsula*". *Ínsula*, núm. 133 (diciembre 1957), 4.
—. "*Mulata de Tal* de Miguel Ángel Asturias". *Ínsula*, 212-213 (1964), 20.
Cañas, Salvador. "Homenaje a Miguel Ángel Asturias". *Cuadernos de cultura hispánica*, 46, núm. 1.105 (1950), 81-82.
Castelpoggi, Atilio Jorge. *Miguel Ángel Asturias*. Buenos Aires, Editorial La Mandrágora, 1961.
Coddou, Marcelo. "El americanismo esencial de Miguel Ángel Asturias". *Atenea*, 438 (1967), 123-134.
Corrales Egea, José. "Una charla con Miguel Ángel Asturias". *Ínsula*, núm. 93, 2-4.

Donahue, Francis James. *Miguel Ángel Asturias, escritor comprometido.* Tesis doctoral. University of Southern California, 1965.

—. "Miguel Ángel Asturias: su trayectoria literaria". *Cuadernos Hispanoamericanos,* 62 (1965), 507-527.

Foppa, Alaide. "Realidad e irrealidad en la obra de Miguel Ángel Asturias". *Cuadernos Americanos,* 156 (enero-febrero 1968), 53-69.

Himelblau, Jack. "Miguel Ángel Asturias 'Guatemala': Artistic Evocations of a Past". *Symposium,* 22 (Fall, 1968), 224-240.

Justo, Luis. "Miguel Ángel Asturias: *Mulata de Tal*". *Cuadernos del congreso por la libertad de la cultura,* 81 (febrero 1964), 91-92.

Lask, Thomas. Reseña a la versión inglesa de *Mulata de Tal. New York Times* (25 de octubre de 1967), 45.

Leal, Luis. "Myth and Social Realism in Miguel Ángel Asturias". *Comparative Literature Studies,* 5 (septiembre 1968), 237-247.

Lorand de Olazagasti, Adelaida. "*Mulata de Tal*". *Asomante,* 24 (julio-septiembre 1968), 68-79.

Lorenz Günter W. "Hearing the Scream. An Interview with Nobel Prize-Winner Miguel Ángel Asturias". *Atlas,* 14, número 6 (diciembre 1967), 56-58.

Lyon, Thomas E. "Miguel Ángel Asturias: Timeless Fantasy. The 1967 Nobel Prize for Literature". *Books Abroad,* 42 (Spring 1968), 183-189.

—. Reseña de "*Maladrón*". *Books Abroad,* 45 (Winter 1971), 77.

Méndez, Francisco. "Fama, palabra y magia de Miguel Ángel Asturias". *Salón,* 13, núm. 4 (1960), 99-119.

Menton, Seymour. "Asturias, Carpentier y Yáñez: paralelismos y divergencias". *Revista Iberoamericana,* 67 (enero-abril 1969), 31-52.

—. *Handbook of Latin American Studies.* Tomo 28. Gainsville, University of Florida Press, 1966, pág. 256.

—. *Historia crítica de la novela guatemalteca.* Guatemala, Editorial Universitaria, 1960.

"Miguel Ángel Asturias en Montevideo. El escritor americano debe de escribir para América". *Cuadernos de cultura hispánica*, 46, núm. 1105 (1950), 82-83.

Navas Ruiz, Ricardo. "Tiempo y palabra en Miguel Ángel Asturias". *Quaderni Ibero-Americani*, 29 (1963), 276-282.

Palomino, Pablo. Prólogo a la *Antología de Miguel Ángel Asturias*. México, B. Costa-Amic, Editor, 1968.

"Quince preguntas a Miguel Ángel Asturias". *Revolución*, número especial (17 de agosto de 1959), 23-24.

Revista Iberoamericana, 67 (enero-abril 1969). Este es un homenaje a Miguel Ángel Asturias.

Rodríguez Monegal, Emir. "Los dos Asturias". *Revista Iberoamericana*, 67 (enero-abril 1969), 13-20.

Saz, Agustín del. "Superrealismo y pesimismo de Miguel Ángel Asturias". *Papeles de Son Armadans*, 6 (1957), 135-144.

Selva, Mauricio de la. Reseña de *"Mulata de Tal"*. *Cuadernos Americanos*, 23 (1964), 255-257.

—. Sobre *Mulata de Tal*. "Asteriscos". *Diorama de la cultura. Excelsior*, 5, núm. 17080 (10 de noviembre de 1963), 3.

Tejera, María Josefina. "Fantasía y realidad en *Mulata de Tal* de Miguel Ángel Asturias". *Revista Nacional de Cultura*, 182 (octubre-diciembre 1967), 68-72.

Verdevoye, Paul. "Miguel Ángel Asturias y la nueva novela". *Revista Iberoamericana*, 67 (enero-abril 1969), 21-29.

Verdugo, Iber. *El carácter de la literatura hispanoamericana y la novelística de Miguel Ángel Asturias*. Guatemala, Editorial Universitaria, 1968.

Verzasconi, Ray A. *Magical Realism and the Literary World of Miguel Ángel Asturias*. Tesis doctoral. University of Washington, 1965.

Wurmser, André. "Dante au Guatémala". *Les Lettres Françaises* (15-22 de abril de 1965), 2.

Zuleta Álvarez, Enrique. "El realismo poético de Miguel Ángel Asturias". *Norte*, 6, núm. 5 (septiembre-octubre 1965), 107-111.

Gabriel García Márquez

Amorós, Andrés. "*Cien años de soledad*". *Revista de Occidente*, 28 (1969), 58-62.
Campos, Jorge. "García Márquez: fábula y realidad". *Insula*, 258 (mayo 1968), 11.
Carrillo, German D. Reseña de *Cien años de soledad*. *Novel. A Forum on Fiction*, 4, núm. 2 (Winter 1971), 187-189.
Coleman, Alexander. *Instructor's Manual for Cinco Maestros: Cuentos Modernos de Hispanoamérica*. New York, Harcourt, Brace & World, Inc., 1969, págs. 40-42 y 46-47.
Couffon, Claude. "Étude à la découverte de Gabriel. Un colombien hanté par son enfance". *Le Monde*, suplemento al número 7434 (7 de diciembre de 1968), IV.
Dessau, Adalbert. "El tema de la soledad en las novelas de García Márquez". *El ensayo y la crítica literaria en Iberoamérica*. Memoria del XIV Congreso Internacional de Literatura Iberoamericana. Toronto, Universidad de Toronto, 1970, págs. 209-214.
Domingo, José. "Entrevistas: Gabriel García Márquez». *Insula*, núm. 269, 6 y 11.
Dross, Tulia A. de. "El mito y el incesto en *Cien años de soledad*". *ECO. Revista de la cultura de occidente*, 19 (1969), 179-187.
Durán, Armando. "Conversaciones con Gabriel García Márquez". *Revista Nacional de Cultura*, 185 (julio-agosto-septiembre 1968), 23-34.
Fuentes, Carlos. "García Márquez. *Cien años de soledad*". *Siempre*, suplemento, 228 (29 de junio de 1966), VII.
—. "García Márquez: la segunda lectura". *La nueva novela hispanoamericana*. México, Cuadernos de Joaquín Mortíz, 1969.
García Márquez, Gabriel y Mario Vargas Llosa. *La novela en América latina: Diálogo*. Lima, Carlos Milla Batres Ediciones y Universidad Nacional de Ingeniería, 1967.
Giordano, Jaime. "Gabriel García Márquez, *Cien años de so-

ledad". *Revista Iberoamericana,* 65 (enero-abril 1968), 184-186.

Guinness, Gerald. "On García Márquez". *Caribbean Review,* 2 (Summer 1970), 16.

Gullón, Ricardo. "García Márquez o el olvidado arte de contar". *Asomante,* 25, núm. 3 (1969), 7-17.

—. *García Márquez o el olvidado arte de contar.* Madrid, Taurus, 1970.

Hernández, Manuel. "Los muertos. Un abordaje a *Cien años de soledad*". *ECO. Revista de la cultura de occidente,* 19 (mayo 1969), 54-58.

Lerner, Isaías. "A propósito de *Cien años de soledad*". *Cuadernos Americanos,* 28 (1969), 186-200.

Levine, Suzanne Jill. "*Cien años de soledad* y la tradición de la biografía imaginaria". *Revista Iberoamericana,* 72 (julio-septiembre 1970), 453-463.

Luchting, Wolfgang A. "Gabriel García Márquez: The Boom and the Whimper". *Books Abroad,* 44 (Winter 1970), 26-30.

Martínez, Tomás Eloy. "América: la gran novela. García Márquez: *Cien años de soledad*". *Primera Plana,* 234 (20 de junio de 1967), 54-55.

McMurray, George R. Reseña de *Cien años de soledad. Books Abroad,* 42 (1968), 243-244.

Monsalve, Alfonso. "Una entrevista con García Márquez. La novela, anuncio de grandes transformaciones". *El Tiempo* (14 de enero de 1968), 4.

Mora-Cruz, Gabriela. Reseña de *Cien años de soledad. Hispania,* 51 (1968), 914-919.

Muller, Leopoldo. *De Viena a Macondo.* Carlos Martínez Moreno. *Paritorio de un exceso vital.* Paysandú, Fundación de Cultura Universitaria, 1969.

Nueve asedios a García Márquez. Santiago, Editorial Universitaria, S. A., 1969. Contiene ensayos de Mario Benedetti, Emmanuel Carballo, Pedro Lastra, Juan Loveluck, Julio Ortega, José Miguel Oviedo, Ángel Rama, Mario Vargas Llosa y Ernesto Volkening. También hay en este tomo una breve bibliografía de obras escritas por y sobre García Márquez.

Ortega, Julio. "Gabriel García Márquez. *Cien años de soledad*". *La contemplación y la fiesta. Ensayos sobre la nueva novela latinoamericana.* Lima, Editorial Universitaria, 1968, págs. 45-58.

Oviedo, José Miguel, Hugo Achugar y Jorge Arbeleche. *Aproximación a Gabriel García Márquez.* Paysandú, Fundación de Cultura Universitaria.

Pineda, Rafael. Reseña de *Cien años de soledad*. *Revista Nacional de Cultura*, 182 (octubre-noviembre-diciembre 1967), 64-67.

Rodríguez Monegal, Emir. "Novedad y anacronismo de *Cien años de soledad*". *Revista Nacional de Cultura*, 185 (julio-agosto-septiembre 1968), 3-21.

Rouette, Eneid. "100 Years of Solitude". *Caribbean Review*, 2 (Spring 1970), 5.

Schóó, Ernesto. "Los viajes de Simbad García Márquez". *Primera Plana*, 234 (20 de junio de 1967), 52-54.

Suárez-Galbán, Carmen Ana. "La estructura mágico-temporal de *Cien años de soledad*". Estudio inédito, 1969.

Tello, Jaime. Reseña de "Los funerales de la Mamá Grande". *Revista Nacional de Cultura*, 183 (enero-febrero-marzo 1968), 117.

Urondo, Francisco. "La buena hora de García Márquez". *Cuadernos Hispanoamericanos*, 232 (1969), 163-168.

Volkening, Ernesto. "Anotado al margen de *Cien años de soledad*". *Nueva novela latinoamericana.* Compilación de Jorge Lafforgue. Buenos Aires, Editorial Paidós, 1969, páginas 142-179. Este artículo apareció en *ECO. Revista de la cultura de occidente*, 15 (julio 1967), 259-303, por primera vez.

Wegel, Anna. "Los personajes de *Cien años de soledad*". Estudio inédito, 1969.

Zavala, Iris M. "*Cien años de soledad*. Crónica de Indias". *Ínsula*, 286 (septiembre 1970), 3 y 11.

OBRAS GENERALES DE CONSULTA

Alquié, Ferdinand. *The Philosophy of Surrealism*. Traducido por Bernard Waldrop. Ann Arbor, The University of Michigan Press, 1965.
Aub, Max. *La poesía española contemporánea*. México, Imprenta Universitaria, 1954.
Balakian, Anna. *Literary Origens of Surrealism*. New York, King's Crown Press, 1947.
Brée, Germaine and Margaret Guiton. *An Age of Fiction. The French Novel from Gide to Camus*. New Brunswick, Rutgers University Press, 1957.
Breton, André. "Surrealism". *The Modern Tradition*. Editado por Richard Ellmann and Charles Feidelson, Jr. New York, Oxford University Press, 1965.
Calderwood, James L. y Harold E. Toliver, editores. *Perspectives on Fiction*. New York, Oxford University Press, 1968.
Durrant, Geoffrey. "The Dimension of Time". *Wordsworth and the Great System. A Study of Wordsworth's Poetic Universe*. Cambridge, University Press, 1970.
Fische, Ernst. "El problema de lo real en el arte moderno". *ECO. Revista de la cultura de occidente*, 16 (1968), 225-258.
Fowlie, Wallace. *Age of Surrealism*. Bloomington, Indiana University Press, 1960.
Freedman, Ralph. *The Lyrical Novel*. Princeton: Princeton University Press, 1963.
Hoog, Armand. "The Surrealist Novel". *Yale French Studies*, 5-6 (1951), 17-25.
Le Sage, Laurent. *The French New Novel*. University Park, Pennsylvania State University, 1962.
Matthews, J. H. *An Introduction to Surrealism*. University Park, Pennsylvania State University, 1965.
—. *Surrealism and the Novel*. Ann Arbor, The University of Michigan Press, 1966.
Mendilow, A. A. *Time and the Novel*. New York, Humanities Press, 1965.

Mercier, Vivian. *The New Novel. From Queneau to Pinget.* New York, Farrar, Straus and Giroux, 1971.
Neumeyer, Alfred. *The Search for Meaning in Modern Art.* Englewood Cliffs, Prentice-Hall, Inc., 1964.
Ortega y Gasset, José. *La deshumanización del arte e ideas sobre la novela. Obras Completas.* Tomo II, 4.ª edición, Madrid, *Revista de Occidente*, 1957.
Pascadi, Ion. "Sens et ambiguïté dans l'art moderne". *Revue d'esthétique*, 3-4 (1970), 395-399.
Peñuelas, Marcelino C. *Mito, literatura y realidad.* Madrid, Editorial Gredos, 1965.
Phillips, Allen W. "*El Sur* de Borges". *Revista Hispánica Moderna*, 29 (1963), 140-147.
Preminger, Alex, editor. *Princeton Encyclopedia of Poetry and Poetics.* Princeton, Princeton University Press, 1965.
Ray, Paul C. "Some Notes on Surrealism in the Novel". *Romance Notes*, 7 (1965), 1-4.
Raymond, Marcel. *De Baudelaire al surrealismo.* Traducido por Juan José Domenchina. México, Fondo de Cultura Económica, 1960.
Read, Herbert. *Art and Alienation. The Role of the Artist in Society.* New York, The Viking Press, 1967.
Real Academia Española. *Diccionario de la lengua española.* 19.ª edición. Madrid, Editorial Espasa-Calpe, S. A., 1970.
Robbe-Grillet, Alain. *Pour un nouveau roman.* París, Les Editions de Minuit, 1963.
Roh, Franz. "The New Objectivity". *German Art in the Twentieth Century.* Traducido por Catherine Hutter. Editado por Julia Phelps. London, Thames & Hudson, 1968, páginas 112-128.
Sureda, Jacobo, Fortunio Bonanova, Juan Alomar, y Jorge Luis Borges. "Manifiesto del Ultra". Apareció este documento en el siguiente artículo: Carlos Meneses, "Los manifiestos ultraístas de Jorge Luis Borges", *Ínsula*, 291 (febrero 1971), 3.
Totarbinski, T. "Art et création". *Revue de métaphysique et de morale*, 75, núm. 3 (julio-septiembre 1970), 326-331.
Videla, Gloria. *El Ultraísmo.* Madrid, Editorial Gredos, 1963.

APÉNDICE A LA BIBLIOGRAFÍA

Forman este apéndice obras leídas después de escritos nuestros ensayos. Aquí se sigue el mismo formato que rige la bibliografía anterior.

LA NUEVA FICCIÓN

Bareiro Saguier, Rubén. "The New Language of Latin American Literature". *The Unesco Courier*, 3 (March, 1972), 27-31.

Candido, Antonio. "A Problem of Contemporary Latin America. Literature and Underdevelopment". *The Unesco Courier*, 3 (March, 1972), 10-12, 15 y 31-32.

Contemporary Latin America. Studies in Short Fiction, 8 (Winter, 1971).

Dessau, Adalberto. "La novela latinoamericana como conciencia histórica". *Actas del Tercer Congreso Internacional de Hispanistas*. Editado por Carlos H. Magis. México, El Colegio de México, 1970.

Gertel, Zunilda. *La novela hispanoamericana contemporánea*. Buenos Aires, Editorial Colombia, 1970.

Lyon, Thomas E. "Orderly Observation to Symbolic Imagination: The Latin American Novel From 1920 to 1960". *Hispania*, 54 (septiembre, 1971), 445-451.

Pupo-Walker, Enrique. "The Contemporary Short Fiction of Spanish America: An Introductory Note". *Contemporary Latin America. Studies in Short Fiction*, 8 (Winter, 1971), 1-8.

Rodríguez-Monegal, Emir. "La nueva novela latinoamericana". *Actas del Tercer Congreso Internacional de Hispanistas*. Editado por Carlos H. Magis. México, El Colegio de México, 1970.

Schulman, Iván A. "Reflexiones en torno a la definición del modernismo". *Estudios críticos sobre el modernismo*. Introducción, selección y bibliografía general por Homero Castillo. Madrid, Editorial Gredos, 1968, págs. 353-357.

MIGUEL ÁNGEL ASTURIAS

Andrea, Pedro F. de. *Miguel Ángel Asturias en México*. México, Hojas volantes de La Comunidad latinoamericana de escritores, 1969.

Bellini, Giuseppe. "El laberinto mágico de Miguel Ángel Asturias". *Papeles de Son Armadans*, 62, núms. 185-186 (agosto-septiembre 1971), 199-231.

Callan, Richard J. "Miguel Ángel Asturias: Spokesman of His People". *Contemporary Latin America. Studies in Short Fiction*, 8 (Winter, 1971), 93-102.

Leon Hill, Eladia. *Miguel Angel Asturias. Lo ancestral en su obra literaria*. New York, Eliseo Torres & Sons, 1972.

Navas-Ruiz, Ricardo. "*Maladrón*: Mito y conquista". *Papeles de Son Armadans*, 62, núms. 185-186 (agosto-septiembre 1971), 185-198.

Papeles de Son Armadans, 62, núms. 185-186 (agosto-septiembre 1971). Todo este volumen es un homenaje a Asturias.

Segala, Amos. "Asturias entre demonios cristianos y mayas". *Papeles de Son Armadans*, 62, núms. 185-186 (agosto-septiembre 1971), 391-400.

Villar, Arturo del. "Miguel Ángel Asturias, un guerrillero literario". *La estafeta literaria*, 476 (15 de septiembre de 1971), 12-14.

Gabriel García Márquez

Azancot, Leopoldo. Reseña de *El mundo mítico de Gabriel García Márquez* por Carmen Arnáu (Barcelona, Ediciones Península, 1971). *La estafeta literaria*, 475 (1 de septiembre de 1971), 678.

Gónzález del Valle, Antolín y Luis González del Valle. Comentarios a la controversia entre Miguel Ángel Asturias y Gabriel García Márquez. "La opinión de nuestros lectores". *Diario Las Americas* (10 de julio de 1971), 5.

Gullón, Ricardo. "Gabriel García Márquez and the Lost Art of Storytelling". *Diacritics*, 1, núm. 1 (Fall, 1971), 27-32.

Inclán, Josefina. "Gabriel García Márquez". *Diario Las Americas* (21 de octubre de 1971), 5 y 13.

—. "García Márquez: Elementos de su originalidad". *Diario Las Americas* (23 de octubre de 1971), 5.

Kulin, Katalin. "Planos temporales y estructura en *Cien años de soledad* de Gabriel García Márquez". *Unión. Revista de la unión de escritores y artistas de Cuba*, 9, núm. 1 (mayo 1970), 99-121.

Levine, Suzanne Jill. "La maldición del incesto en *Cien años de soledad*". *Revista Iberoamericana*, 76-77 (julio-diciembre 1971), 711-724. (Si bien es este un estudio "erudito" del incesto en la literatura, no da nueva luz a los problemas de esta novela).

López-Baralt, Luce. "Algunas observaciones sobre el rescate artístico de la niñez en *Cien años de soledad* y *El tambor de hojalata*". *Sin Nombre*, 1, núm. 4 (abril-junio 1971), 55-67.

Mead, Robert G. "Aspectos del espacio y el tiempo en *La casa verde* y *Cien años de soledad*". *Cuadernos Americanos*, 179, núm. 6 (noviembre-diciembre 1971), 240-244.

Peel, Roger M. "The Short Stories of Gabriel García Márquez". *Contemporary Latin America. Studies in Short Fiction*, 8 (Winter, 1971), 159-168.

Rivas, Marta. "Úrsula Iguarán de Macondo". *Mapocho*, 21 (otoño, 1970), 49-60.

Vázquez Amaral, José. "Gabriel García Márquez: *One Hundred Years of Solitude*". *The Contemporary Latin American Narrative*. New York, Las Americas Publishing Co., 1970. Págs. 135-156. (Este libro lo reseña Luis González del Valle en *Inter-American Review of Bibliography*).

Obras generales de consulta

Alazraki, Jaime. *La prosa narrativa de Jorge Luis Borges*. Madrid, Editoral Gredos, 1968. (En especial nos referimos a la nota 3 de la pág. 105).

Spencer, Sharon. *Space. Time and Structure in the Modern Novel*. New York, New York University Press, 1971.

ÍNDICE GENERAL

Págs.

Prefacio   9

Fantasía y realidad en la nueva ficción hispanoamericana: realismo artístico   11

Pluralidad y ambigüedad temática de *Mulata de Tal*   35

Fantasía y realidad en *Mulata de Tal*   53

Sentido y forma de *Maladrón*   73

"Los funerales de la Mamá Grande": cuento de transición técnica   93

Aspectos temáticos y estilísticos de *Cien años de soledad*   103

Lo fantástico en un nuevo cuento de García Márquez   131

Aspectos temáticos y estructurales de "Un señor muy viejo con unas alas enormes" ...   141

Bibliografía   149

Apéndice a la bibliografía   161

TORRES LIBRARY OF LITERARY STUDIES

1. CARLOS RIPOLL: *Escritos desconocidos de José Martí.* Cuba. Puerto Rico. Propaganda revolucionaria. Juicios. Crítica. Estados Unidos.
2. EDENIA GUILLERMO Y JUANA AMELIA HERNÁNDEZ: *La novelística española de los sesenta.* Martín-Santos, Marsé, Delibes, Goytisolo, Benet, Matute.
3. ENRIQUE OJEDA: *Jorge Carrera Andrade: Introducción a su vida y obra.*
4. G. BELLINI: *Quevedo y la poesía hispanoamericana del siglo XX.* Su influencia en César Vallejo, Jorge Carrera Andrade, Octavio Paz, Pablo Neruda y Jorge Luis Borges.
5. JOSÉ A. BALSEIRO: *Novelistas españoles modernos.* 8.ª edición, corregida y aumentada.
6. JOELYN RUPLE: *Antonio Buero Vallejo: The First Fifteen Years.*
7. E. LEÓN HILL: *Miguel Ángel Asturias, lo ancestral en su obra literaria.*
8. LUIS GONZÁLEZ DEL VALLE Y VICENTE CABRERA: *La Nueva Ficción Hispanoamericana a través de Miguel Ángel Asturias y Gabriel García Márquez.*

9. CARLOS RIPOLL: *Indice Universal de la Obra de José Martí.*

10. CARLOS RIPOLL: *Archivo José Martí: Repertorio Crítico; Medio Siglo de Estudios Martianos.*

11. CARLOS RIPOLL: *Patria: El Periódico de José Martí; Registro General, 1892-1895.*

12. JOSÉ ORTEGA: *Alienación y Agresión en Juan Goytisolo en Señas de identidad y Reivindicación del Conde Don Julián.*

13. JOSÉ ORTEGA Y FRANCISCO CARENAS: *Narradores Españoles de la Guerra Civil. Antología Crítica.*

14. E. S. URBANSKI: *Hispanoamérica y sus razas y civilizaciones.*

15. J. L. CASTILLO PUCHE: *Pío Baroja.*

16. ROSARIO H. HIRIART: *Las alusiones literarias en la obra narrativa de Francisco Ayala.*